Promoção da saúde e estilo de vida

SÉRIE
PSICOLOGIA E NEUROCIÊNCIAS

EDITORES DA SÉRIE
Cristiana Castanho de Almeida Rocca
Telma Pantano
Antonio de Pádua Serafim

Promoção da saúde e estilo de vida

AUTORAS
Milene da Silva Franco
Renatha El Rafihi Ferreira
Fabiana Saffi
Cristiana Castanho de Almeida Rocca

manole
editora

Copyright © Editora Manole Ltda., 2025, por meio de contrato com os editores e as autoras.

Produção editorial: Juliana Waku
Projeto gráfico e diagramação: Departamento Editorial da Editora Manole
Capa: Ricardo Yoshiaki Nitta Rodrigues
Ilustrações: Freepik, iStockphoto

CIP-BRASIL. CATALOGAÇÃO NA PUBLICAÇÃO
SINDICATO NACIONAL DOS EDITORES DE LIVROS, RJ

P958

Promoção da saúde e estilo de vida / Milene da Silva Franco ... [et al.] ; editores da série Cristiana Castanho de Almeida Rocca, Telma Pantano, Antonio de Pádua Serafim. - 1. ed. - Barueri [SP] : Manole, 2025.
23 cm. (Psicologia e neurociências)

Inclui bibliografia e índice
ISBN 978-85-204-5838-9

1. Neuropsicologia. 2. Transtornos da ansiedade - Tratamento. 3. Psicoterapia. I. Franco, Milene da Silva. II. Rocca, Cristina Castanho de Almeida. III. Pantano, Telma. IV. Serafim, Antonio de Pádua. V. Série.

25-95884

CDD: 152.46
CDU: 159.942:616.89-008.441

Meri Gleice Rodrigues de Souza - Bibliotecária - CRB-7/6439

Todos os direitos reservados.
Nenhuma parte deste livro poderá ser reproduzida, por qualquer processo, sem a permissão expressa dos editores. É proibida a reprodução por fotocópia.
A Editora Manole é filiada à ABDR – Associação Brasileira de Direitos Reprográficos.

1ª edição – 2025

Editora Manole Ltda.
Alameda Rio Negro, 967, cj. 717
Alphaville – Barueri – SP – Brasil
CEP: 06454-000
Fone: (11) 4196-6000
www.manole.com.br | https://atendimento.manole.com.br/

Impresso no Brasil
Printed in Brazil

EDITORES DA
SÉRIE *PSICOLOGIA E NEUROCIÊNCIAS*

Cristiana Castanho de Almeida Rocca
Psicóloga Supervisora do Serviço de Psicologia e Neuropsicologia, e em atuação no Hospital Dia Infantil do Instituto de Psiquiatria do Hospital das Clínicas da Faculdade de Medicina da Universidade de São Paulo (IPq-HCFMUSP). Mestre e Doutora em Ciências pela FMUSP. Professora Colaboradora na FMUSP e Professora nos cursos de Neuropsicologia do IPq-HCFMUSP.

Telma Pantano
Fonoaudióloga e Psicopedagoga do Serviço de Psiquiatria Infantil do Hospital das Clínicas da Faculdade de Medicina da Universidade de São Paulo (HCFMUSP). Vice-coordenadora do Hospital Dia Infantil do Instituto de Psiquiatria do HCFMUSP e Especialista em Linguagem. Mestre e Doutora em Ciências e Pós-doutora em Psiquiatria pela FMUSP. Master em Neurociências pela Universidade de Barcelona, Espanha. Professora e Coordenadora dos cursos de Neurociências e Neuroeducação pelo Centro de Estudos em Fonoaudiologia Clínica.

Antonio de Pádua Serafim
Professor do Departamento de Psicologia da Aprendizagem, do Desenvolvimento e da Personalidade e Professor do Programa de Neurociências e Comportamento no Instituto de Psicologia da Universidade de São Paulo (IPUSP). Coordenador do Laboratório de Estudos e Pesquisas em Avaliação Psicológica e Neuropsicológica – LEANPSI (IPUSP). Professor Supervisor no Núcleo Forense do Instituto de Psiquiatria do Hospital das Clínicas da Faculdade de Medicina da Universidade de São Paulo (IPq-HCFMUSP) entre 2014 e 2022.

AUTORAS

Milene da Silva Franco
Psicóloga, Mestranda pelo Instituto de Psicologia da Universidade de São Paulo. Pós-graduada em Neuropsicologia no Contexto Hospitalar pelo Instituto de Psiquiatria do Hospital das Clínicas da Faculdade de Medicina da Universidade de São Paulo (IPq-HCFMUSP). Pós-graduada em Análise Comportamental Clínica pela Pontifícia Universidade Católica do Paraná (PUC-PR). Psicóloga voluntária no Serviço de Hospital-Dia Infanto-Juvenil do Instituto de Psiquiatria do Hospital das Clínicas da Faculdade de Medicina da Universidade de São Paulo (IPq-HCFMUSP).

Renatha El Rafihi Ferreira
Graduação em Psicologia pela Universidade Paulista. Mestrado em Análise do Comportamento pela Universidade Estadual de Londrina. Doutorado e Pós-doutorado em Psicologia pela Universidade de São Paulo (USP). Professora no Departamento de Psicologia Clínica da USP. Orientadora nos Programas de Pós-graduação em Psicolgoia Clínica e em Psiquiatria, ambos da USP.

Fabiana Saffi
Psicóloga Clínica e Forense. Doutora e Mestre em Ciências pela Universidade de São Paulo. Diretora do Serviço de Psicologia e Neuropsicologia do Instituto de Psiquiatria do Hospital das Clínicas da Faculdade de Medicina da Universidade de São Paulo (IPq-HCFMUSP).

Cristiana Castanho de Almeida Rocca
Psicóloga Supervisora do Serviço de Psicologia e Neuropsicologia, e em atuação no Hospital Dia Infantil do Instituto de Psiquiatria do Hospital das Clínicas da Faculdade de Medicina da Universidade de São Paulo (IPq-HCFMUSP). Mestre e Doutora em Ciências pela FMUSP. Professora Colaboradora na FMUSP e Professora nos cursos de Neuropsicologia do IPq-HCFMUSP.

Durante o processo de edição desta obra, foram tomados todos os cuidados para assegurar a publicação de informações técnicas, precisas e atualizadas conforme lei, normas e regras de órgãos de classe aplicáveis à matéria, incluindo códigos de ética, bem como sobre práticas geralmente aceitas pela comunidade acadêmica e/ou técnica, segundo a experiência do autor da obra, pesquisa científica e dados existentes até a data da publicação. As linhas de pesquisa ou de argumentação do autor, assim como suas opiniões, não são necessariamente as da Editora, de modo que esta não pode ser responsabilizada por quaisquer erros ou omissões desta obra que sirvam de apoio à prática profissional do leitor.

Do mesmo modo, foram empregados todos os esforços para garantir a proteção dos direitos de autor envolvidos na obra, inclusive quanto às obras de terceiros e imagens e ilustrações aqui reproduzidas. Caso algum autor se sinta prejudicado, favor entrar em contato com a Editora.

Finalmente, cabe orientar o leitor que a citação de passagens da obra com o objetivo de debate ou exemplificação ou ainda a reprodução de pequenos trechos da obra para uso privado, sem intuito comercial e desde que não prejudique a normal exploração da obra, são, por um lado, permitidas pela Lei de Direitos Autorais, art. 46, incisos II e III. Por outro, a mesma Lei de Direitos Autorais, no art. 29, incisos I, VI e VII, proíbe a reprodução parcial ou integral desta obra, sem prévia autorização, para uso coletivo, bem como o compartilhamento indiscriminado de cópias não autorizadas, inclusive em grupos de grande audiência em redes sociais e aplicativos de mensagens instantâneas. Essa prática prejudica a normal exploração da obra pelo seu autor, ameaçando a edição técnica e universitária de livros científicos e didáticos e a produção de novas obras de qualquer autor.

SUMÁRIO

Prefácio – Rosa Magaly Borba de Moraes XI

Apresentação da *Série Psicologia e Neurociências* XV

Introdução 1

Finalidade 5

Sessões 7

Sessão 1   Promoção de saúde e o funcionamento do sistema
nervoso 9

Sessão 2   Promoção de saúde e práticas
para qualidade de vida 19

Sessão 3   Rotina de sono 29

Sessao 4   Higiene do sono 37

Anexo – Escala de autopercepção 44

Referências bibliográficas 47

Índice remissivo 51

Slides 53

PREFÁCIO

Nos últimos anos, temos presenciado um aumento expressivo no número de diagnósticos psiquiátricos em todo o mundo. Esse fenômeno é resultado de diversos fatores, incluindo melhorias nas técnicas de diagnóstico, maior conscientização sobre saúde mental e, sem dúvida alguma, os impactos psicológicos e sociais da pandemia de covid-19.

De acordo com dados da Organização Mundial da Saúde (OMS), entre 2005 e 2015, o número de pessoas com transtornos mentais aumentou de 416 milhões para 450 milhões. Esse crescimento de 7,7% é maior do que o crescimento populacional no mesmo período.

O isolamento social, o medo da doença, a perda de entes queridos, a instabilidade econômica e a incerteza em relação ao futuro têm contribuído para um aumento significativo nos casos de ansiedade, depressão, transtorno de estresse pós-traumático, entre outros. Esse aumento nos diagnósticos psiquiátricos é um alerta sobre o potencial incapacitante desses transtornos, que não afetam apenas a qualidade de vida individual, mas também representam uma carga pesada para as famílias e para a sociedade como um todo. Estima-se que os custos diretos e indiretos relacionados à saúde mental cheguem a US$ 1 trilhão por ano para a economia global[1].

A saúde mental tem se tornado uma prioridade cada vez mais importante. É necessário fortalecer os sistemas de vigilância para identificar os sintomas precocemente, ampliar o acesso aos serviços de saúde mental e promover uma maior integração desses serviços nos cuidados primários de saúde. Isso pode ser feito por meio de programas que promovam o bem-estar e sejam direcionados para a prevenção de recaídas. Além disso, é urgente o desenvolvimento de políticas públicas que abordem as causas sociais e econômicas que contribuem para os problemas de saúde mental.

A internação psiquiátrica, além de oferecer um ambiente seguro para tratamento intensivo, proporciona a oportunidade de uma avaliação detalhada e uma intervenção terapêutica multidisciplinar. A decisão de internação psiquiátrica é complexa e deve ser baseada em uma avaliação criteriosa do estado clínico do paciente. As indicações para internação incluem risco significativo de autolesão ou lesão a outros, incapacidade de cuidar de si mesmo em decorrência da gravidade dos sintomas psiquiátricos e necessidade de avaliação diagnóstica intensiva ou estabilização rápida de condições psiquiátricas agudas. A internação também pode ser necessária quando os tratamentos ambulatoriais não são suficientes.

O manejo adequado de casos graves em ambiente hospitalar pode ter um papel decisivo na recuperação do paciente, reduzindo o risco de recaídas e melhorando os resultados a longo prazo. Nessas unidades, os pacientes podem receber uma variedade de tratamentos que vão além da prescrição médica. A promoção da saúde em enfermarias psiquiátricas é uma abordagem essencial para um tratamento holístico dos transtornos mentais. Ela envolve não apenas a redução dos sintomas, mas também contribui para o bem-estar físico, mental e social do paciente.

A psicoeducação é uma estratégia importante no plano terapêutico para uma recuperação integral e sustentável. Durante a internação, a educação contínua visa fornecer informações e treinamentos aos pacientes e familiares sobre a saúde mental e os aspectos relacionados aos seus quadros clínicos específicos. Essa abordagem tem um impacto significativo tanto na gestão dos sintomas quanto na melhoria da qualidade de vida.

Os benefícios da psicoeducação incluem uma melhor compreensão do transtorno, maior adesão ao tratamento, desenvolvimento de estratégias de resiliência, redução do estigma, fortalecimento do suporte familiar e melhoria na qualidade de vida.

O bem-estar e a qualidade de vida dos pacientes psiquiátricos são afetados por diversos fatores, como alimentação, atividade física, autocuidado e sono. Uma dieta balanceada fornece os nutrientes essenciais para um ótimo funcionamento cerebral, enquanto a atividade física regular tem efeitos benéficos comprovados nos sintomas de transtornos como depressão e ansiedade. Desregulações biológicas, como desequilíbrios hormonais, deficiências nutricionais e doenças crônicas, podem afetar negativamente a saúde mental. Da mesma forma, transtornos psiquiátricos podem levar a comportamentos prejudiciais à saúde física, como uma alimentação inadequada e o sedentarismo.

Práticas de autocuidado, como mindfulness e técnicas de relaxamento, ajudam na gestão do estresse e melhoram a resiliência emocional. A qualidade do sono é especialmente importante, pois distúrbios do sono frequentemente estão associados a transtornos psiquiátricos. Essas intervenções podem reduzir a inflamação, melhorar a neuroplasticidade e regular os neurotransmissores, fatores essenciais para uma boa saúde mental. A compreensão da relação entre o bem-estar biológico e o funcionamento cerebral promove práticas saudáveis, sendo uma aliada na abordagem dos transtornos psiquiátricos.

Uma abordagem integrada que leve em consideração todos esses aspectos, por meio da implementação de protocolos baseados em evidências, é ideal para garantir a eficácia, a segurança e a replicação de intervenções relacionadas ao tratamento de transtornos psiquiátricos. A criação desses guias fornece diretrizes estruturadas para padronização do cuidado, reduzindo variações na prática clínica e facilitando a implementação de terapias com respostas consistentes e atualizadas.

Este livro se propõe exatamente a isso. De maneira assertiva e competente, as páginas a seguir se tornarão uma referência indispensável no contexto das intervenções em psicoeducação durante a internação psiquiátrica. Com uma apresentação didática, ele aborda aspectos teóricos dos principais tópicos sobre o funcionamento cerebral, os ritmos biológicos e o autocuidado. O texto sugere também perguntas direcionadas para a prática clínica, incentivando o diálogo durante as sessões. Conscientização e capacidade de tornar o paciente um agente ativo em seu processo de recuperação, por meio da implementação de comportamentos saudáveis por decisão própria, talvez sejam as maiores contribuições deste livro.

Convido você a mergulhar nas páginas a seguir. Trata-se de uma leitura agradável, que sem dúvida agregará valor e facilitará o trabalho de estudantes, psicólogos, psiquiatras e todos os profissionais que compõem uma equipe multiprofissional. Seja você um profissional experiente ou alguém ávido por conhecimento, este livro promete ser uma jornada enriquecedora, ampliando horizontes e aprofundando a complexidade e o dinamismo do cuidado em saúde mental.

Rosa Magaly Borba de Moraes
Especialista em Pediatria. Psiquiatra da infância e adolescência.
Colaboradora do Programa de Diagnóstico do
Ambulatório de Autismo (PROTEA) do IPq-HCFMUSP

APRESENTAÇÃO DA *SÉRIE PSICOLOGIA E NEUROCIÊNCIAS*

O processo do ciclo vital humano se caracteriza por um período significativo de aquisições e desenvolvimento de habilidades e competências, com maior destaque para a fase da infância e adolescência. Na fase adulta, a aquisição de habilidades continua, mas em menor intensidade, figurando mais a manutenção daquilo que foi aprendido. Em um terceiro estágio, vem o cenário do envelhecimento, que é marcado, principalmente, pelo declínio de várias habilidades. Este breve relato das etapas do ciclo vital, de maneira geral, contempla o que se define como um processo do desenvolvimento humano normal, ou seja, adquirimos capacidades, mantemos por um tempo e declinamos em outro.

No entanto, quando nos voltamos ao contexto dos transtornos mentais, é preciso considerar que tanto os sintomas como as dificuldades cognitivas configuram-se por impactos significativos na vida prática da pessoa portadora de um determinado quadro, bem como de sua família. Dados da Organização Mundial da Saúde (OMS) destacam que a maioria dos programas de desenvolvimento e da luta contra a pobreza não atinge as pessoas com transtornos mentais. Por exemplo, de 75 a 85% dessa população não tem acesso a qualquer forma de tratamento da saúde mental. Deficiências mentais e psicológicas estão associadas a taxas de desemprego elevadas a patamares de 90%. Além disso, essas pessoas não têm acesso a oportunidades educacionais e profissionais para atender ao seu pleno potencial.

Os transtornos mentais representam uma das principais causas de incapacidade no mundo. Três das dez principais causas de incapacidade em pessoas entre as idades de 15 e 44 anos são decorrentes de transtornos mentais, e as outras causas são muitas vezes associadas com estes transtornos. Estudos tanto prospectivos quanto retrospectivos enfatizam que de maneira geral os transtornos mentais começam na infância e adolescência e se estendem à idade adulta.

Tem-se ainda que os problemas relativos à saúde mental são responsáveis por uma grande quantidade de mortalidade e incapacidade, tendo participação em cerca de 8,8 a 16,6% do total da carga de doença devido às condições de saúde em países de baixa e média renda, respectivamente. Poderíamos citar como exemplo a ocorrência da depressão, com projeções de ocupar a segunda maior causa de incidência de doenças em países de renda média e a terceira maior em países de baixa renda até 2030, segundo a OMS.

Entre os problemas prioritários de saúde mental, além da depressão estão a psicose, o suicídio, a epilepsia, a demência, os problemas decorrentes do uso de álcool e drogas e os transtornos mentais na infância e adolescência. Nos casos de crianças com quadros psiquiátricos, estas tendem a enfrentar dificuldades importantes no ambiente familiar e escolar, além de problemas psicossociais, o que por vezes se estende à vida adulta.

Considerando tanto os declínios próprios do desenvolvimento normal quanto os prejuízos decorrentes dos transtornos mentais, torna-se necessária a criação de programas de intervenções que possam minimizar o impacto dessas condições. No escopo das ações, estas devem contemplar programas voltados para os treinos cognitivos, habilidades socioemocionais e comportamentais.

Com base nesta argumentação, o Serviço de Psicologia e Neuropsicologia do Instituto de Psiquiatria do Hospital das Clínicas da Universidade de São Paulo, em parceria com a Editora Manole, apresenta a série *Psicologia e Neurociências*, tendo como população-alvo crianças, adolescentes, adultos e idosos.

O objetivo desta série é apresentar um conjunto de ações interventivas voltadas inclusive para pessoas portadoras de quadros neuropsiquiátricos com ênfase nas áreas da cognição, socioemocional e comportalmental, além de orientações a pais e professores.

O desenvolvimento dos manuais foi pautado na prática clínica em instituição de atenção a portadores de transtornos mentais por equipe multidisciplinar. O eixo temporal das sessões foi estruturado para 12 encontros, os quais poderão ser estendidos de acordo com a necessidade e a identificação do profissional que conduzirá o trabalho.

Destaca-se que a efetividade do trabalho de cada manual está diretamente associado com a capacidade de manejo e conhecimento teórico do profissional em relação à temática a qual o manual se aplica. O objetivo não representa a ideia de remissão total das dificuldades, mas sim, da possibilidade de que o paciente e seu familiar reconheçam as dificuldades peculiares de cada quadro e possam desenvolver estratégias para uma melhor adequação à sua realidade. Além disso, ressaltamos que os diferentes manuais podem ser utilizados em combinação.

Os Editores

CONTEÚDO COMPLEMENTAR

Os *slides* coloridos (pranchas) em formato PDF para uso nas sessões de atendimento estão disponíveis em uma plataforma digital exclusiva (https://conteudo-manole.com.br/cadastro/dialogos-em-promocao-da-saude).

Utilize o *QR code* abaixo, digite o *voucher* **ambiente** e cadastre seu *login* (*e-mail*) e senha para ingressar no ambiente virtual.

O prazo para acesso a esse material limita-se à vigência desta edição.

INTRODUÇÃO

Os quadros psiquiátricos se manifestam de diferentes maneiras no funcionamento dos indivíduos. A descrição de um transtorno mental o designa enquanto "uma disfunção psicopatológica em um indivíduo, a qual está associada a sofrimento ou prejuízo no funcionamento, bem como a uma resposta que não é típica ou culturalmente esperada"[2]. A conceituação mencionada aponta para critérios que constituem a caracterização dos fenômenos psiquiátricos, os quais abrangem: (a) desregulação na dinâmica cognitiva, comportamental ou emocional; (b) a experiência de sofrimento ou os efeitos negativos gerados pelos comportamentos e (c) a desaprovação social, uma vez que ilustra discrepância com as normas culturais vigentes[2,3].

A etiologia e o tratamento dos transtornos requisitam a análise multifatorial. Os quadros psiquiátricos pleiteiam a associação de fatores biológicos, psicológicos, emocionais, relacionais e socioculturais, uma vez que diversas funções do organismo são acometidas, sugestionando a multifatoriedade das condições psiquiátricas[2].

A repercussão do transtorno psiquiátrico se apresenta no funcionamento de diferentes áreas da vida de um sujeito, impactando no domínio familiar, social, laboral e afetivo[4]. Entende-se que a avaliação detalhada mostra que cada sujeito exibe particularidades na vivência dos quadros e nas funções afetadas.

Os sujeitos com sintomas psiquiátricos, sejam externalizantes ou internalizantes, apresentam falhas cognitivas e comportamentais na interação com o meio, sendo que a apresentação conjunta dos sintomas pode potencializar as dificuldades enfrentadas na vida diária[5].

A repercussão dos transtornos psiquiátricos é dinâmica, não se limitando apenas aos constructos cognitivos. Diante do que foi posto, entende-se que há a necessidade de averiguar os possíveis fatores de risco ou proteção que podem impactar na interação diária dos sujeitos.

Inicialmente, a rotina nutricional é um preditor afetado diretamente pelos quadros mentais, uma vez que o humor pode modular as contingências que evocam o comportamento alimentar, em decorrência disso, os sujeitos podem ter um aumento ou redução da ingesta alimentar, o que impacta na quantidade de nutrientes disponíveis para o funcionamento adequado do organismo[6].

A organização da dieta nutricional permite que ocorra o suprimento adequado dos nutrientes, os quais influenciam no desenvolvimento cerebral. Sugere-se que o padrão alimentar pode contribuir no processo de modulação neuronal[7].

Sendo assim, entende-se que o funcionamento molecular do sistema nervoso pode ser afetado pela rotina nutricional dos sujeitos[8]. Entende-se que a relação estabelecida entre o padrão alimentar e a saúde mental é bidirecional, uma vez que ambos parecem se associar reciprocamente[9].

O padrão alimentar dos indivíduos com quadros psiquiátricos tende a ser desestruturado em decorrência do excesso ou escassez nutricional. Observa-se que sujeitos com transtorno bipolar inclinam-se a seguir dietas com elevado teor de carboidrato e gordura. Esse padrão pode decorrer da busca do sujeito em se regular emocionalmente, no entanto, pode ser uma estratégia desadaptativa a longo prazo[10].

O dado supracitado pode ser generalizado para demais condições psiquiátricas. Foi constatado que um número significativo da amostra de indivíduos com transtornos mentais estava com excesso de peso, apontando para o risco do desenvolvimento de outras condições orgânicas, como complicações metabólicas e quadros cardiovasculares[11]. Entende-se que a implementação de atividades físicas na rotina impactaria na evolução do prognóstico das condições clínicas mencionadas.

As intervenções lúdicas podem ser utilizadas enquanto estratégia de modificação do padrão nutricional. Em um serviço de atenção psicossocial foram instituídas práticas educativas acerca do fracionamento alimentar e da ingesta de água. Na proposta citada, os resultados sugeriram uma melhora significativa na percepção acerca dos hábitos nutricionais, uma vez que houve aumento da quantidade de refeições e na ingestão de água[12].

Assim como a alimentação, a prática ou ausência de atividades físicas se constituem enquanto preditivo que pode impactar nos tratamentos dos transtornos psiquiátricos. A sintomatologia pode propiciar isolamento social, sedentarismo e o não acompanhamento de práticas saudáveis[13]. Sugere-se que a dinâmica referida pode potencializar os comportamentos característicos dos quadros mentais, os quais produzem sofrimento a si ou a terceiros[3].

Um estilo de vida ativo permite que ocorra a prevenção primária da saúde dos sujeitos. Assim como sujeitos com diagnóstico podem exibir melhorias na dinâmica comportamental, cognitiva e emocional em decorrência dos efeitos gerados pela prática de atividades físicas[14].

As consequências ditas anteriormente podem ser generalizadas para a população sem quadro nosológico. Observou-se a associação significativa entre prática de atividade física e saúde mental de estudantes da área da saúde15. Logo, a estruturação de uma vida ativa se organiza enquanto um possível meio de prevenção e promoção de saúde.

As consequências da prática regular de atividade fomentam: autopercepção e controle, recidiva da imagem positiva do corpo, aumento da autoestima, evolução positiva do humor, atenuação dos fatores estressores e maior vinculação social[13]. Os sujeitos já com diagnóstico de transtorno psiquiátrico podem apresentar melhores prognósticos, além de vivências associadas com qualidade de vida e bem-estar[16].

A constituição de uma vida com qualidade também abrange a rotina de sono. As dificuldades de sono são comuns em pacientes com transtornos mentais. As intervenções com direcionamento comportamental, psicoeducativo e cognitivo sugerem certa melhora no padrão de humor e sono dos sujeitos[17].

A rotina de adormecer tende a ser influenciada pelos transtornos psiquiátricos, devido às dificuldades associadas ao início e manutenção do sono. Os resultados de exames polissonográficos indicam: (a) redução do tempo de sono, em decorrência do declínio do sono NREM e (b) maior intervalo do sono REM em quadros afetivos[18].

É comum que sujeitos com transtornos psiquiátricos tenham dificuldades com o sono, contudo, frequentemente, a rotina e higiene do sono não são investigadas com tanta minúcia. O fator mencionado impacta na implementação de intervenções que possam auxiliar os sujeitos[19].

O padrão do sono tem a propensão de se associar com o diagnóstico, uma vez que diferentes condições podem gerar distintas alterações do sono. No episódio maníaco há redução da necessidade de sono, já os quadros depressivos podem apresentar tanto hipersonia quanto insônia[3]. As enfermarias psiquiátricas são espaços em que comumente há pacientes com dificuldades para dormir[20].

Uma intervenção foi realizada com pacientes admitidos em um hospital geral, sendo realizados processos psicoeducativos com os pacientes e com a equipe assistencial e sendo fornecidas, respectivamente, informações acerca da rotina de sono e a necessidade de incluir esse preditor no plano de intervenção. Os resultados indicaram uma diminuição da prescrição medicamentosa para induzir o sono nos pacientes[21].

A primeira perspectiva foi fomentada com o fornecimento de informações sobre o sono aos pacientes, administrando folhetos educativos e vídeos. A vertente seguinte foi pautada no ensino à equipe, logo, foram transmitidos conhecimentos acerca da relevância da regulação do sono como um dos preditores do tratamento. Os resultados apontaram para diminuição da prescrição por medicações para iniciar ou manter o sono após implementação do programa[21].

Embora haja uma diversidade de transtornos psiquiátricos, a psicoeducação parece ser um bom recurso terapêutico e interdisciplinar[23], sendo que a utilização dessa ferramenta permite que os sujeitos se sensibilizem em relação à condição que os acomete, proporcionando maior controle das contingências em vigor[24].

FINALIDADE

As internações psiquiátricas são espaços direcionados para sujeitos que estão em condições de crise, viabilizando que os indivíduos se regulem emocional e comportamentalmente, a fim de que estabeleça adequada interação com o ambiente circundante, sobretudo o social.

O contexto de internação se apresenta com elevada potência para intervenções breves, as quais podem possibilitar a aprendizagem de recursos que sejam adaptativos. No entanto, percebe-se que não há tanto investimento na estruturação de projetos interventivos que fomentem essas alterações.

O protótipo assistencial apresentado foi estruturado a partir da experiência profissional em uma unidade de internação direcionada para quadros de humor e ansiedade. A observação da dinâmica do espaço referido demonstrou que há diversas possibilidades de manejo, no entanto, para que práticas interventivas complexas se consolidassem, também seria importante que os sujeitos compreendessem seus quadros psiquiátricos.

As dificuldades associadas à adesão ao tratamento demonstram que a incompreensão do próprio quadro dificulta o acompanhamento das orientações que são fornecidas pelos profissionais de referência. Para tanto, a intervenção organizada foi estruturada na psicoeducação de temáticas que impactam no âmbito psiquiátrico.

O programa assistencial ocorre em quatro encontros, os quais acontecem por meio de grupos. As temáticas debatidas se associam com o funcionamento do sistema nervoso e os constituintes da promoção de saúde, como por exemplo padrão nutricional, prática de atividade física, rotina e higiene do sono. Observa-se que os conteúdos referidos interseccionam o tratamento dos sujeitos e possibilitam a vivência de maior bem-estar.

Os assuntos designados são abordados com linguagem acessível, a fim de que os participantes compreendam sua relevância. Somado ao processo psicoeducativo, foram estruturadas atividades com cunho prático, com a finalidade de envolver os sujeitos nas tônicas abordadas, uma vez que estes devem colaborar ativamente nos encontros.

Os encontros, apesar de terem como objetivo principal o repasse de informações, visam possibilitar que os participantes repensem sobre os próprios comportamentos, a fim de modificá-los para práticas que sejam adaptativas. Percebe-se que os sujeitos frequentemente não compreendem que alguns hábitos podem ser prejudiciais ao seu desenvolvimento, para tanto, conscientizá-los dos efeitos negativos é a primeira etapa para que as mudanças sejam pensadas.

A disponibilização de informações permite que os sujeitos possam ter maior consciência dos estímulos ambientais que controlam os comportamentos, conseguindo manejar o ambiente quando compreendem as variáveis que o influenciam, consolidando novos repertórios.

No encerramento dos grupos deve-se investigar a repercussão emocional que as temáticas possam ter sido evocadas, sendo importante acolhê-las e validá-las. Assim como no início dos encontros deve-se averiguar se houve investimento em alguma modificação comportamental. Para avaliar a percepção dos sujeitos acerca dos grupos, foi elaborada uma escala de avaliação pelas autoras, para que as discussões possam ser manejadas. Por fim, enfatiza-se que as temáticas abordadas foram pensadas para promover saúde mental e qualidade de vida aos participantes dos grupos.

SESSÕES

SESSÃO I – PROMOÇÃO DE SAÚDE E O FUNCIONAMENTO DO SISTEMA NERVOSO

Objetivo
Analisar, em conjunto com os participantes, o impacto da promoção de saúde na qualidade de vida e no funcionamento cerebral.

Temáticas abordadas
Modelo relacionado à promoção de saúde e sua reverberação na qualidade de vida dos sujeitos. O funcionamento cerebral e seus constituintes.

Material
Slides da Sessão I com as conceituações e as atividades para interação dos participantes.

Introdução da temática abordada

Slide 1.1 (pág. 55).
Hoje vamos iniciar o grupo que tem por finalidade discutir assuntos relacionados à saúde mental. Teremos quatro encontros, os quais abordarão diferentes temáticas relacionadas com a promoção da qualidade de vida, sobretudo quando abordamos as questões associadas com a saúde mental. Mas antes, o que vocês entendem por promoção de saúde?

Perguntas que podem estimular a discussão
- Práticas de saúde envolvem apenas alimentação adequada?
- Quando realizamos atividades físicas, estamos promovendo saúde a nós mesmos?
- Práticas de autocuidado são também de promoção de saúde?

- Quando nos informamos sobre as nossas condições, estamos gerando saúde a nós mesmos?
- Quando incentivamos os outros a cuidarem de si, estamos promovendo saúde?
- Promoção de saúde envolve as atividades de lazer?

Operacionalização de promoção de saúde

Slide 1.2 (pág. 55).

A promoção de saúde envolve um conjunto de ações que podem influenciar positivamente na saúde dos sujeitos. Quando estamos abordando o assunto saúde, não podemos relacioná-lo apenas a ausência de doenças, uma vez que estamos falando de algo que é influenciado por vários fatores como, por exemplo, as condições biológicas, psicológicas, sociais, econômicas, culturais etc.[25]

As práticas associadas à promoção de saúde envolvem atividades a ações que visam propiciar bem-estar e qualidade de vida aos sujeitos. Assim, podemos pensar em práticas que são comuns a todos como, por exemplo, a realização de atividades físicas, e as que são personalizadas como, as ações de lazer, que costumam ser individualizadas[25]. O que vocês costumam fazer em prol da saúde?

Perguntas que podem estimular a discussão
- O que vocês costumam realizar nos momentos de lazer?
- Quais atividades vocês realizam com outras pessoas?
- Quais são as suas práticas de autocuidado?
- Antes você realizava alguma atividade e atualmente não mais?
- Tem alguma atividade que você tem interesse em conhecer ou iniciar?

Fatores constituintes do bem-estar

Slide 1.3 (pág. 56).

Quando discutimos sobre bem-estar, estamos abordando um conceito amplo, que é associado a vários fatores como, por exemplo, a dimensão biológica, que se relaciona com a ausência de doenças e de aspectos que possam te gerar algum dano direto[26]. A parte física se associa com o bem-estar referente ao corpo e a imagem produzida por ele[27].

Já o âmbito psicológico está diretamente relacionado com a saúde mental, isto é, com a sua percepção acerca de si e do mundo[28]. Enquanto isso, o fator espiritual está conectado com as vinculações que vocês estabelecem com o campo transcendental, isto é, com os significados atribuídos à vida[29]. O campo social está unido pelas interações que são consolidadas com as outras pessoas e os efeitos que são produzidos[30].

Por fim, os campos ocupacional e intelectual se associam com o desenvolvimento um pouco mais racional, uma vez que são demandados diante de atividades que requisitam o raciocínio[31].

Bem-estar biológico

Slide 1.4 (pág. 56).

Hoje nosso foco será no bem-estar biológico, principalmente relacionado ao funcionamento do cérebro e nas funções reguladoras produzidas.

Vocês conhecem as responsabilidades dele?

Perguntas que podem estimular a discussão

- Como a nossa alimentação interfere no desenvolvimento cerebral?
- Como a ausência de prática de atividade física interfere no desenvolvimento cerebral?
- Como a rotina do sono interfere no desenvolvimento cerebral?
- Como o nosso humor interfere no desenvolvimento cerebral?
- Como as medicações interferem no desenvolvimento cerebral?

Funções do cérebro

Slide 1.5 (pág. 57).

O cérebro é o órgão com muitas atribuições, mas podemos resumir todas as suas funções pensando que o processamento de informações e a produção de comportamentos ocorrem por meio das conexões das suas células[32].

Estrutura neuronal

Slide 1.6 (pág. 57).

A célula principal do cérebro é o neurônio, o qual transmite as informações pela condução elétrica e pela disponibilidade de substâncias específicas, os neurotransmissores.

O neurônio é formado por dendritos, os quais inicialmente recebem as informações, seguido do corpo celular, o qual consolida o maquinário da célula, a fim de que execute todas as suas funções adequadamente. Por fim, temos os axônios que auxiliam na passagem das informações para outras células[33].

Funcionamento das sinapses

Slide 1.7 (pág. 58).

A comunicação entre os neurônios ocorre pela condução elétrica, sendo que essas conexões permitem que aconteça a passagem rápida das informações de uma célula para outra.

Vamos exemplificar com a seguinte situação, digamos que você está caminhando pelo parque e vendo vários elementos como, por exemplo, o rio que passa pelo espaço, as árvores, as crianças brincando etc.

Tudo que acabamos de falar é interpretado pelo seu cérebro, uma vez que as informações chegam pelos seus órgãos sensoriais, e são transmitidas ao cérebro pelos neurônios e interpretadas, para que você possa compreender, por exemplo, que aquilo que está sendo contemplado é realmente uma árvore.

Nas sinapses acontece a liberação das substâncias químicas, os neurotransmissores, que auxiliam na transmissão das informações[33].

Sistema nervoso periférico

Slide 1.8 (pág. 58).

Agora que já conversamos sobre a função e as células que executam as atividades, podemos pensar nas divisões mais específicas. Vamos iniciar falando do sistema nervoso periférico, o qual está relacionado com as nossas respostas rápidas ao ambiente[33].

SESSÃO I — PROMOÇÃO DE SAÚDE E O FUNCIONAMENTO DO SISTEMA NERVOSO

Slide 1.9 (pág. 59).

Quando estamos abordando o sistema nervoso periférico, devemos considerar, com maior ênfase, o sistema autônomo, uma vez que ele produz mudanças corporais imediatas a depender do que acontece no ambiente.

No sistema autônomo há subdivisões que apresentam funções diferentes. O sistema simpático que está associado com nossas ações em condições de estresse. Em situações extremas, nosso corpo reage com a dilatação da pupila, a fim de que observemos melhor o ambiente, ocorre a aceleração dos batimentos cardíacos e inibe-se as funções digestivas para que a energia seja direcionada para as áreas de maior relevância no momento[34].

Já o sistema parassimpático visa retornar o organismo ao estado de base, para que se comporte com maior tranquilidade, uma vez que não há condições estressoras presentes no ambiente[34].

Sistema nervoso central

Slide 1.10 (pág. 59).

Assim como abordamos o sistema nervoso periférico e suas funções no organismo, vamos falar sobre o sistema nervoso central, o qual abarca inúmeras funções que são requisitadas na interação com o ambiente.

Medula espinhal

Slide 1.11 (pág. 60).

Vamos iniciar com a medula espinhal, a qual permite que o organismo responda com reflexos, como, por exemplo, quando encostamos em alguma superfície muito quente e imediatamente retiramos a mão. No caso apresentado, a resposta de retirada é prontamente emitida.

Cérebro

Slide 1.12 (pág. 60).

O cérebro também constitui o sistema nervoso central, sendo que suas áreas são responsáveis por comandar diferentes funções necessárias à nossa sobrevivência, como o processo de respiração e os batimentos cardíacos[33].

O cérebro ainda apresenta a função de integrar as informações que chegam de diferentes partes do corpo, para que possamos nos comportar adequadamente. Portanto, observamos que o cérebro permite que tenhamos um funcionamento apropriado[33].

Organização do cérebro

Slide 1.13 (pág. 61).

O cérebro é formado por lobos, os quais interpretam informações específicas que chegam ao sujeito.

O funcionamento cerebral permite que ocorra a conexão dessas áreas, estabelecendo uma dinâmica integrada, a fim de que os comportamentos ocorram com maior fluência[33].

Slide 1.14 (pág. 61)

Vamos conversar sobre esses lobos. Para tanto, vou entregar para cada um uma folha com o cérebro desenhado e, em conjunto, vamos pintar cada área com uma cor específica.

Lobo occipital

Slide 1.15 (pág. 62).

O primeiro lobo que vamos apresentar é o occipital, que é o responsável por interpretar o que vemos, isto é, as informações que chegam aos nossos olhos são transmitidas e interpretadas por ele[33].

Vocês já o conheciam? Vamos pegar um lápis e pintá-lo.

Lobo parietal

Slide 1.16 (pág. 62).

O próximo lobo é o parietal. Ele está associado com as respostas às informações das outras vias sensoriais. Suas funções estão relacionadas com a percepção de dor, ou seja, diante de situações que possam ser dolorosas, há a ativação dessa área[33].

O lobo parietal também responde aos estímulos táteis, olfativos e gustativos. Por fim, até mesmo a percepção de temperatura ocorre com o acionamento dessa área cerebral[33].

Esse lobo vocês já conheciam? Agora vamos pegar outro lápis e pintá-lo.

Lobo temporal

Slide 1.17 (pág. 63).
O lobo temporal tem a função de auxiliar no processo de consolidação das nossas memórias, permitindo que ocorra o armazenamento das informações.
Outra função importante é a capacidade de processar e se recordar das emoções, o que pode ajudar o sujeito a compreender melhor o ambiente[33].

Lobo frontal

Slide 1.18 (pág. 63).
O lobo frontal é responsável por várias funções importantes. O planejamento é uma das suas atribuições, sendo requisitado para gerenciar as etapas de uma atividade. A regulação emocional também está sob sua responsabilidade, por meio dela também conseguimos nos organizar afetivamente[33].
Vocês conheciam esse lobo e suas funções?

Perguntas que podem estimular a discussão

- O planejamento envolve pensar nas etapas de atividades de modo rígido?
- O planejamento tende a facilitar ou dificultar a execução de uma tarefa?
- Como você costuma programar as suas atividades diárias?
- A regulação emocional envolve não sentir as emoções?
- A regulação emocional permite que as pessoas entrem em contato com o ambiente de maneira apropriada?

Quando estamos falando de planejamento, abarcamos o modo como você geralmente se organiza com as atividades, priorizando as etapas de uma tarefa que devem ser realizadas[35].
Além disso, planejar pode se associar com diminuir tarefas grandes em menores. Pensem na limpeza de uma casa, vocês podem tentar organizar tudo em um único dia, ou fragmentar as tarefas no decorrer dos dias[35].

Slide 1.19 (pág. 64).
Ainda vamos falar sobre o lobo frontal, uma vez que é responsável pelo funcionamento da memória operacional, que é a capacidade de sustentar e manipular as informações que precisamos[36].

Por fim, a tomada de decisão também é função dessa área, sendo que por meio dela conseguimos ponderar algumas situações com o objetivo de resolver uma situação problemática[37].

Vamos pintar essa área.

Perguntas que podem estimular a discussão

- Se alguém te passa diferentes informações ao mesmo tempo, você consegue lembrá-las depois?
- De que modo o processo de tomada de decisão é influenciado quando estamos tomados por emoções?
- De que modo percebemos o ambiente quando estamos vivenciando alta intensidade de emoções?

Fatores que interferem no funcionamento cerebral

Slide 1.20 (pág. 64).

Agora quero que vocês pensem nos aspectos que podem influenciar o funcionamento cerebral, quais fatores podem auxiliar ou não as atividades do cérebro?

Perguntas que podem estimular a discussão:

- Qual o efeito de uma alimentação saudável no funcionamento do cérebro? Qual é o efeito quando não nos alimentamos bem?
- A prática de atividade física auxilia no funcionamento adequado do cérebro? De que modo?
- De que modo o humor pode interferir no funcionamento do cérebro?
- O cansaço pode dificultar o funcionamento do cérebro? De que modo?
- Qual o efeito do uso de substâncias no funcionamento do cérebro?

Slide 1.21 (pág. 65).

No próximo encontro vamos discutir com mais detalhes como esses fatores que podem se associar ao funcionamento cerebral. Hoje tivemos somente a introdução a essa temática e, pensando em todas as funções do cérebro, percebemos que alguns aspectos podem impactar nas nossas atividades, como os aspectos nutricionais, já que que o cérebro necessita de elevado investimento enérgico para funcionar adequadamente[6].

O uso de substâncias também interfere no funcionamento do cérebro, podendo deixá-lo agitado ou lentificado, dificultando a percepção do que está acontecendo no ambiente[38].

O cansaço e o estresse também são fatores que podem impactar na atividade cerebral, uma vez que podem dificultar a capacidade de concentração das atividades de vida diária.

Os quadros psiquiátricos também fomentam desafios específicos para os sujeitos, dada a sintomatologia. O último aspecto é a privação de sono, que pode impactar na capacidade de execução das atividades diárias e na aprendizagem[19].

Agora vai ser entregue uma escala (Anexo, págs. 97 a 99) para que vocês respondam sobre a percepção que tiveram no decorrer do encontro. Peço que respondam da forma mais sincera possível, não há certo ou errado. Se tiverem alguma dúvida, podem perguntar.

SESSÃO 2 – PROMOÇÃO DE SAÚDE E PRÁTICAS PARA QUALIDADE DE VIDA

Objetivo
Analisar, em conjunto com os participantes, os preditores que estão inclusos na promoção de saúde.

Temáticas abordadas
A promoção de saúde enquanto um conceito guarda-chuva, uma vez que inclui diferentes fatores constituintes.

Material
Slides da Sessão 2 com as conceituações e as atividades para interação dos participantes.

Introdução da temática abordada

Slide 2.1 (pág. 65).
No encontro de hoje ainda discutiremos a promoção de saúde, com a finalidade de explicar com maior ênfase os elementos que abordamos ao final do encontro passado. Vocês lembram quais são os fatores que podem interferir na qualidade de vida dos indivíduos?

Perguntas que podem estimular a discussão
- De que modo a vivência de dor pode interferir no bem-estar dos sujeitos?
- Doenças e outras questões físicas podem dificultar a experiência de bem-estar?
- A qualidade de vida pode ficar prejudicada quando não estamos bem emocionalmente? Se sim, de que modo?

- Uma rotina desregrada de sono pode prejudicar as atividades do dia a dia?
- O acúmulo de várias atividades estressantes pode dificultar o bem-estar?

Fatores que se associam com o bem-estar

Slide 2.2 (pág. 66).

Conforme conversamos no encontro passado, alguns elementos podem interferir no bem-estar dos indivíduos. Hoje vamos detalhar melhor os aspectos citados para compreendermos melhor o nosso funcionamento.

Quando falamos dos fatores que podem se associar com a dinâmica dos sujeitos, estamos abarcando a saúde física, mental e social, uma vez que desconfortos nessas esferas prejudicam diretamente o modo de interagir com o ambiente.

A nutrição[6], a prática de atividades físicas[13] e a rotina do sono[17] são elementos que favorecem, de modo direto, o bom desenvolvimento do organismo, tanto a parte física quanto a emocional. Os relacionamentos também influenciam o nosso bem-estar, já que, por meio do estabelecimento e manutenção dessas interações, consolidamos redes de apoio, que nos auxiliam diante de situações que podem ser demandantes[40].

As atividades de autocuidado são práticas que visam o próprio bem-estar e se associam com o investimento em si mesmo, realizando afazeres que têm muita importância para a pessoa. Por fim, a exposição aos estressores também pode prejudicar a qualidade de vida, sobretudo quando se torna desafiador manejar as condições estabelecidas[41].

A nutrição e sua influência no desenvolvimento do organismo

Slide 2.3 (pág. 66).

Vamos começar falando sobre a alimentação e de que forma esse fator influencia no bem-estar de cada um. Antes de entrarmos nesse assunto, gostaria de saber como costuma ser a rotina alimentar de vocês?

Perguntas que podem estimular a discussão
- Comer bem envolve se alimentar em muita quantidade?
- Por que não devemos ingerir tantos doces no decorrer do dia?

- É recomendado comermos alimentos muito gordurosos?
- De que forma beber água influencia o nosso organismo?
- É melhor beber água ou refrigerante quando estamos com sede?
- É adequado pular refeições, por exemplo, deixar de almoçar ou jantar?
- É recomendado que a gente faça quantas refeições no decorrer do dia?
- A alimentação influencia no desenvolvimento do cérebro?

Importância da alimentação

Slide 2.4 (pág. 67).

A alimentação é um dos pilares fundamentais para o desenvolvimento dos sujeitos, não só no que se refere à parte física e biológica. A rotina alimentar balanceada propicia diversos nutrientes fundamentais para que o organismo funcione adequadamente[7].

A alimentação adequada permite que ocorra uma associação direta com a saúde, que se refere a integração entre bem-estar físico e emocional[9].

Princípios da alimentação saudável

Slide 2.5 (pág. 67).

O primeiro princípio da alimentação adequada é a variedade, pois os nutrientes provêm de diferentes fontes[42]. Para tanto, é importante que, ao montar seu prato de comida, tenha alimentos que forneçam carboidratos, proteínas, lipídios, vitaminas e fibras.

Slide 2.6 (pág. 68).

O segundo princípio norteador é a moderação, pois é necessário que os alimentos estejam em quantidade apropriada para que haja um balanceamento do que está sendo ingerido[42]. Devemos relembrar que elementos em excesso podem ser tóxicos ou gerar efeitos negativos ao organismo.

Pensem nas pessoas que ingerem açúcar em grande quantidade, uma consequência possível é a diabetes, doença que ocorre quando o corpo não consegue reagir diante da presença de açúcar, deixando-o em excesso no organismo.

22 PROMOÇÃO DA SAÚDE E ESTILO DE VIDA

Slide 2.7 (pág. 68).

Nosso último princípio é o equilíbrio, que envolve a interação harmoniosa da variedade e da moderação[42]. É importante que ao se alimentar, estejamos comendo alimentos variados em porções adequadas, a fim de suprir as necessidades que o organismo apresenta.

Funções da alimentação

Slide 2.8 (pág. 69).

Pensando no que discutimos até aqui, podemos concluir que a alimentação apresenta inúmeras funções no organismo. Entende-se que a rotina alimentar permite que o corpo consiga os nutrientes necessários para funcionar apropriadamente, uma vez que sem esses elementos, há suscetibilidade para possíveis adoecimentos[8].

A alimentação é um fator que auxilia no combate de inúmeras doenças, além de ser um meio para se prevenir de diferentes enfermidades. Também atua na regulação do humor, uma vez que por meio dela os nutrientes auxiliam na produção dos neurotransmissores, que são as substâncias que agem no cérebro[6].

Os neurotransmissores regulam diferentes atividades do organismo, conforme conversamos no primeiro encontro[7]. Para tanto, é importante que essas substâncias estejam em níveis adequados, permitindo que a interação com o meio aconteça com maior adaptabilidade.

Etapas para alimentação adequada

Slide 2.9 (pág. 69).

Para nos alimentarmos corretamente, algumas etapas podem ser seguidas, a fim de que todos os nutrientes sejam fornecidos. É importante que as três refeições principais sejam realizadas, somadas a no mínimo dois lanches entre esses intervalos[42].

É importante que alimentos saudáveis estejam incluídos na rotina alimentar, nesse caso, seria interessante o acréscimo de legumes e verduras no almoço e no jantar, além de frutas enquanto sobremesas ou até mesmo lanches. Outras possibilidades se referem à diminuição de açúcar, o qual está presente principalmente em alimentos industrializados[42].

Slide 2.10 (pág. 70).

Além das dicas já citadas, é importante que ocorra elevada ingestão de água no decorrer do dia, uma vez que ela regula muitas atividades do organismo. Deve-se atentar para diminuição do consumo de alimentos gordurosos, sobretudo quando falamos de *fast-food*.

Outra dica importante é explorar os alimentos, uma vez que há diversas alternativas. Para tanto, a criatividade acaba sendo requisitada, a fim de permitir que o seu paladar varie, principalmente nos sabores envolvidos.

Alimentação e ambiente

Slide 2.11 (pág. 70).

Além de todos os pontos já citados, devemos ressaltar como a alimentação está associada com o ambiente e com as situações que acontecem diariamente. Grande parte de nós conhecemos pessoas que acabam utilizando a alimentação como ferramenta de regulação emocional quando estão em condições estressoras[44].

A alimentação está associada com sentimentos, a depender do nosso estado emocional, podemos até mesmo variar a quantidade de ingesta[45]. Vocês conseguem pensar de que modo o ambiente influencia?

Perguntas que podem estimular a discussão
- A alimentação pode ser usada como recompensa ou castigo?
- A alimentação pode variar conforme as datas comemorativas?
- As pessoas podem se lembrar de algumas vivências a partir de algum alimento específico?
- Alguns alimentos podem ser usados enquanto estratégias para manejar condições permeadas por estresse?

Atividade física

Slide 2.12 (pág. 71).

Agora vamos direcionar nosso olhar para a prática de atividade física e sua repercussão no bem-estar. Vocês realizam alguma atividade? Como tende a ser sua relação com essas práticas?

PROMOÇÃO DA SAÚDE E ESTILO DE VIDA

Perguntas que podem estimular a discussão:

- Você se considera uma pessoa ativa ou sedentária?
- Com que frequência você realiza atividades físicas?
- Quais atividades você geralmente realiza?
- Há alguma atividade que você realizava e hoje não mais?
- Há alguma atividade que você tem interesse em conhecer?
- A atividade física precisa envolver alguma prática planejada?
- A atividade física é uma prática menos estruturada?

Operacionalização de atividade física

Slide 2.13 (pág. 71).

Quando falamos de atividade física, podemos confundi-la com exercícios físicos, portanto devemos fazer essa diferenciação. A atividade física se refere a qualquer movimento do corpo que resulta em gasto de energia sem necessariamente ter um planejamento prévio. Logo, uma pessoa que realiza as atividades domésticas, está despendendo energia, e assim, está praticando uma atividade física[46,47].

A atividade física envolve práticas que não são tão estruturadas e que podem ocorrer com uma frequência variável. Já os exercícios físicos envolvem objetivos, e por conta disso, tendem a ser estruturados e planejados previamente, a fim de alcançar as metas que foram estipuladas[47].

Benefícios da prática de atividades físicas

Slide 2.14 (pág. 72).

A prática de atividade física produz diversos efeitos aos sujeitos, auxiliando no funcionamento adequado do organismo, uma vez que diversas condições clínicas, como diabetes, colesterol, hipertensão etc., podem ser prevenidas com uma vida ativa[47].

As atividades físicas também auxiliam na regulação emocional, uma vez que por meio dessas atividades há a liberação de endorfina, a qual permite que os sujeitos vivenciem uma sensação de bem-estar. Além disso, há a possibilidade de conhecer outras pessoas e consolidar vínculos, ampliando a rede de apoio e suporte[47].

Por fim, o último benefício se relaciona com o gasto energético, permitindo que haja melhora no condicionamento físico, isto é, na capacidade do corpo executar determinadas funções[47].

Benefícios da prática de atividades físicas

Slide 2.15 (pág. 72).
Há ainda o benefício relacionado com a regulação das substâncias do cérebro, pois estimula a produção e liberação de neurotransmissores, facilitando diversas reações[48,49].

A prática de atividade física ainda ajuda no processo de autoestima, uma vez que o organismo pode ter mudanças na capacidade de se relacionar com o corpo, obtendo maior consciência de si. Há ainda a influência na dinâmica social, pois a maneira como nos percebemos é influenciada pelas perspectivas e olhares dos outros[50].

Por fim, há diminuição do estresse e dos efeitos que são gerados. Logo, os sujeitos podem aprender a se conectar com o momento presente, diminuindo a intensa estimulação interna que pode ser produzida[51].

Autocuidado

Slide 2.16 (pág. 73).
Nosso último tópico está associado com o autocuidado, mas antes de entrarmos nessa temática, gostaria de saber o que vocês entendem por esse assunto?

Perguntas que podem estimular a discussão

- O autocuidado é individual de cada pessoa?
- Todas as pessoas sentem o mesmo bem-estar com as mesmas atividades?
- As atividades de autocuidado devem promover bem-estar às pessoas?
- Nós precisamos, necessariamente, investir financeiramente para termos atividades de autocuidado?
- As práticas de autocuidado podem ser adaptadas a partir da nossa realidade?

Operacionalização do autocuidado

Slide 2.17 (pág. 73).

O autocuidado se refere a capacidade que cada pessoa apresenta de cuidar de si mesma, realizando atividades que sejam prazerosas para si, a fim de terem uma vida com qualidade. As práticas mencionadas buscam, intencionalmente, a produção de bem-estar. Ou seja, as pessoas entendem que realizando determinadas atividades, podem se sentir bem[52].

O bem-estar é produzido com essas práticas, que podem acontecer individualmente ou em grupo. Entende-se que cada um pode construir seu próprio padrão de autocuidado[53].

O autocuidado enquanto individual

Slide 2.18 (pág. 74).

Para tanto, pensando no que conversamos, entendemos que cada pessoa vai construir seu próprio padrão de autocuidado, uma vez que cada sujeito vai sentir bem-estar com atividades que podem ser bem diferentes[52,53].

Quando discutimos sobre autocuidado, estamos abordando algo que é construído por cada um. Para tanto, podemos explorar o ambiente e descobrir que gostamos de realizar diferentes atividades, as quais devem fazer parte do cotidiano dos sujeitos[52].

O autocuidado requisita que tenhamos curiosidade e abertura para descobrir o novo e adaptar o que já está consolidado[52]. Logo, se não se pode ir ao salão de cabeleireiro toda semana, pode-se pensar em ter intervalos na semana que podem ser reservados para isso, e a própria casa pode ser o salão. Se não se pode sair para jantar todos os finais de semana, jantares em família podem ser feitos, sendo que todos podem ter contribuições com esses momentos.

Práticas básicas de autocuidado

Slide 2.19 (pág. 74).

Dessa forma, quando estamos conversando sobre autocuidado, não podemos nos limitar somente às ideias que citamos, mas sim considerar que cada um vai ter a sua própria rotina com as atividades que gosta de realizar.

O autocuidado, que é o cuidado consigo mesmo, pode provir de atividades que são básicas, mas que às vezes nós negligenciamos[52]. A prática de atividade física está inclusa no autocuidado, uma vez que é um momento que deve ser reservado para atividades que produzem diversos efeitos positivos para o sujeito.

A rotina de sono também pode ser descrita enquanto uma forma de zelar por si. No próximo encontro vamos conversar especificamente sobre esse assunto, mas já podemos antecipar que é um importante regulador das nossas funções.

A psicoterapia também é um espaço de autocuidado, dado a possibilidade de repensar sobre as situações que acontecem, construindo recursos que possibilitem que a pessoa entre em contato com condições estressoras[54]. Por fim, podemos pensar nas atividades de lazer, as quais devem fazer sentido para si, logo, também está dependente dos interesses e gostos de cada sujeito.

Atividades de autocuidado dos sujeitos

Slide 2.20 (pág. 75).
Por fim, quero que pensem nas atividades que vocês realizam visando o próprio bem-estar.

Perguntas que podem estimular a discussão:
- Antes vocês realizavam alguma atividade e hoje não fazem mais?
- Atualmente, vocês fazem quais atividades direcionadas para o próprio bem-estar? Se sim, quais?
- Como vocês se sentem quando realizam essas atividades?
- Vocês preferem realizar essas atividades sozinhos ou em grupo?
- Há alguma prática que vocês têm o interesse de incluir em suas rotinas?

Agora vai ser entregue uma escala (Anexo, págs. 97 a 99) para que vocês respondam sobre a percepção que tiveram no decorrer do encontro. Peço que respondam da forma mais sincera possível, não há certo ou errado. Se tiverem alguma dúvida, podem perguntar.

SESSÃO 3 – ROTINA DE SONO

Objetivo
Analisar, em conjunto com os participantes, a importância do sono para regular as atividades diárias.

Temáticas abordadas
A necessidade de estabelecer uma rotina de sono, a qual deve promover qualidade de vida aos sujeitos e consolide um funcionamento que seja adaptativo.

Material
Slides da Sessão 3 com as conceituações e as atividades para interação dos participantes.

Introdução da temática abordada

Slide 3.1 (pág. 75).
Nosso encontro hoje abordará com maior foco o sono, e como esse aspecto permeia as nossas atividades, impactando em nosso funcionamento. Mas antes de iniciarmos, gostaria de saber como é a rotina de sono de vocês.

Perguntas que podem estimular a discussão:
- Vocês têm facilidade para dormir?
- Vocês acordam várias vezes durante a noite?
- Vocês têm com que frequência pesadelos?
- O que vocês costumam fazer quando estão com dificuldade para dormir?
- Aqui na internação vocês estão conseguindo dormir adequadamente?
- Quais situações podem interferir no seu processo de dormir?

Operacionalização do cronótipo

Slide 3.2 (pág. 76).

Quando falamos do processo de dormir, temos que iniciar discutindo sobre o cronótipo, que se relaciona com a sincronicidade entre o seu relógio biológico e a duração do dia, pois o corpo reage de forma específica a depender do que está acontecendo no ambiente[55,56].

O cronótipo é regulado por fatores ambientais. Por exemplo, se você está com diversas preocupações, provavelmente terá dificuldade para iniciar o sono. Um ambiente desorganizado também pode interferir, dificultando que o corpo relaxe da forma como deveria[55,56].

A rotina também é um aspecto que pode interferir no cronótipo, pensem que há pessoas que se sentem mais produtivas no período noturno e tendem a descansar durante o dia[57].

Funções do sono

Slide 3.3 (pág. 76).

O sono regula muitas funções, sendo que por meio do seu funcionamento adequado, os sujeitos conseguem realizar suas tarefas diárias e responder às demandas que são apresentadas[58].

Devemos ressaltar que o sono é um fator que impacta continuamente na sobrevivência da espécie, uma vez que a privação pode produzir diversos efeitos negativos aos indivíduos[59].

Slide 3.4 (pág. 77).

O sono, além de regular as funções do corpo, auxilia nas atividades cerebrais, contribuindo no processo de formação das sinapses, que são as bases de conexões das células do cérebro, os neurônios[60].

Observa-se que até mesmo a liberação das substâncias cerebrais é mediada pela rotina do sono. O sono adequado permite que os processos de aprendizagem aconteçam com maior fluidez, propiciando que sejam consolidadas as memórias[60].

Elementos do sono

Slide 3.5 (pág. 77).

A discussão sobre sono demanda que falemos de alguns elementos, os quais demonstram que dormir é um processo formado por etapas e não apenas um comportamento único. Você tem alguma dificuldade para adormecer? Se sim, como costuma acontecer?

Operacionalização de oportunidade de dormir

Slide 3.6 (pág. 78).

O primeiro ponto que devemos pensar é a oportunidade para dormir, que está associada com a questão ambiental, e como esse espaço costuma a ser gerenciado[61]. Como vocês costumam se organizar para dormir?

Perguntas que podem estimular a discussão

- Vocês costumam mexer no celular quando já estão deitados?
- O que vocês costumam fazer quando têm dificuldade para dormir?
- De que modo os seus quartos estão organizados? Ele é um espaço mais ou menos organizado?
- Vocês costumam comer ou beber antes de dormir?

No próximo encontro traremos dicas mais estruturadas para dormir melhor, no entanto, podemos começar abordando alguns pontos, por exemplo a diminuição das tecnologias como: televisão, *tablets* e celulares, antes de deitar. Esses dispositivos estimulam o cérebro, aspecto que dificulta compreender se já está no horário de dormir ou não, podendo impactar no cronótipo[62].

Outro ponto que precisa ser pensado é a organização do quarto, pensem que precisa ser um espaço acolhedor e que transmita bem-estar. Para tanto, deve estar escuro quando você for deitar, a cama deve estar sem objetos em cima, para que você consiga relaxar nesse espaço[62].

Slide 3.7 (pág. 78).

Outro ponto importante a ser pensado, que será detalhado na próxima sessão, é a realização de atividades que sejam mais leves. Logo, pode-se pensar em um banho relaxante, em uma leitura ou até mesmo em uma meditação, permitindo que entre em contato com o momento presente com maior abertura[62].

Operacionalização da necessidade do sono

Por fim, ressaltamos que substâncias estimulantes devem ser evitadas, uma vez que estas interferem diretamente no cronótipo dos sujeitos, dificultando que as atividades do cérebro diminuam[62].

Operacionalização da necessidade do sono

Slide 3.8 (pág. 79).

Nosso próximo aspecto do sono é a sua necessidade, ou seja, a quantidade de horas que são requisitadas para que os sujeitos se sintam descansados e prontos para executar as atividades do próximo dia[63].

Costumeiramente falamos que as pessoas precisam de oito horas de sono para reparar as funções, e entendemos que esse é um ponto relevante de ser considerado quando pensamos na rotina de sono. Também sabemos que alguns sujeitos podem precisar de um pouco menos ou mais de horas, para que acorde descansado[63].

A necessidade está diretamente associada com a privação de sono, entendemos que caso esteja desperto por muito tempo, alguns sujeitos podem necessitar de maior intervalo para reparar as funções e a energia que foi despendida em diferentes atividade[63].

Operacionalização da capacidade do sono

Slide 3.9 (pág. 79).

Por fim, vamos abordar a capacidade do sono, que se refere a manutenção sem ter interrupções enquanto está adormecido. Entendemos que essa capacidade pode ser alterada em decorrência de interferências ambientais, como barulhos ou estímulos luminosos[62].

A capacidade do sono também pode sofrer interferência do estado emocional, pensem em sujeitos com elevado número de preocupações, possivelmente eles podem ter dificuldade de manter-se adormecidos[62].

Fases constituintes do sono

Slide 3.10 (pág. 80).

Agora que já entendemos algumas das funções do sono e os seus elementos formadores, podemos conversar sobre as fases dele, uma vez que se trata de um processo gradativo de diminuição da atividade cerebral.

Operacionalização do sono NREM

Slide 3.11 (pág. 80).

Vamos começar com o sono NREM, que é formado por quatro etapas. No estágio um ocorre o sono superficial, no qual há elevadas chances de despertarmos. No intervalo citado, ainda estamos conscientes do que está acontecendo à nossa volta[64].

No estágio dois, estamos com a atividade cerebral reduzida e os movimentos dos olhos também diminuem. Na etapa três, a lentificação da etapa anterior fica com maior intensidade, até que chegamos na fase quatro, em que o sono está profundo, diminuindo extremamente às ações e atividades[64].

Operacionalização do sono REM

Slide 3.12 (pág. 81).

A outra fase do sono consiste no sono REM, que é o período com maior atividade cerebral e com rápida movimentação dos olhos. É nesse período que alcançamos pleno repouso psicológico, já que as atividades musculares diminuem, possibilitando que o corpo fique relaxado[64].

Slide 3.13 (pág. 81).

Ainda falando sobre o sono REM, é nesse estágio em que as memórias são consolidadas e que o processo de aprendizagem pode se estabilizar. Por fim, na etapa referida acontecem os sonhos, uma vez que a movimentação ocular permite acompanhar o conteúdo que está sendo manifestado[64].

Operacionalização de sonho

Slide 3.14 (pág. 82).

Já que falamos sobre os sonhos, é importante que conversemos um pouco sobre eles, uma vez que estamos em contato diário com esses fenômenos. Os sonhos são representações formadas por conteúdo visual, verbal, auditivo e emocional, uma vez que quando sonhamos estamos em contato com diversas cenas, as quais, quando integradas, formam a ideia geral[64].

Quando falamos sobre os sonhos, as interpretações são singulares, uma vez que os assuntos se associam com a história de cada um. Para tanto, seria importante compartilhar na terapia individual, a fim desses de que esses conteúdos sejam elaborados emocionalmente.

Slide 3.15 (pág. 82).

Ainda falando sobre sonho, estamos nos referindo a um evento que é simbólico, isto é, que não é necessariamente constituinte da realidade das pessoas, mas que auxilia no desenvolvimento do campo emocional de cada sujeito[65].

Os sonhos, quando abordados enquanto fenômenos simbólicos, permitem que sejam associados com diferentes experiências que acontecem no dia a dia de cada um. Por isso, enfatizamos que a análise de cada sonho depende da história de cada pessoa, e por conta disso, deve ser trabalhado em espaço adequado[65].

Compartilhamento de experiência

Slide 3.16 (pág. 83).

Sabemos que há sonhos que nos marcam emocionalmente. Vocês já tiveram algum que te sensibilizou e que lembra até hoje?

Perguntas que podem estimular a discussão:
- Qual foi o conteúdo do seu sonho?
- Havia outras pessoas com você no sonho?
- Como você acordou após o sonho?
- Por que você acha que esse sonho te marcou emocionalmente?

Importância do sono

Slide 3.17 (pág. 83).

Uma rotina de sono bem estabelecida é importante, uma vez que o organismo passa a funcionar de modo adequado, permitindo que a energia seja conservada e recarregada para as atividades do outro dia. Além disso, o sono protege os sujeitos de condições problemáticas do campo físico e emocional[60].

Fatores que interferem no sono

Slide 3.18 (pág. 84)

Há diversas condições que podem dificultar uma rotina de sono adequada, vocês sabem quais são essas situações?

Perguntas que podem estimular a discussão:

- As preocupações interferem de que modo na rotina de sono?
- Como uma hospitalização pode impactar na rotina de sono?
- O estresse influencia de que modo o processo de adormecer? De que modo?
- As situações problemáticas do dia a dia interferem de que maneira na rotina de sono?
- Quando estamos com dor, de que modo o sono é influenciado?
- A ausência de atividade física se associa de que modo com o processo de dormir?

Slide 3.19 (pág. 84).

Como já conversamos, alguns fatores acabam interferindo no sono. Vamos começar falando das hospitalizações, já que elas são permeadas por rotinas específicas das instituições, sendo assim, o padrão de sono pode ser influenciado, devido a necessidade de seguir os horários estipulados[66].

Os fatores ambientais também atravessam a rotina de sono. Por exemplo, pensem em um ambiente com elevada estimulação, com um intenso nível de barulho e luminosidade. Esses fatores podem dificultar a necessidade e a capacidade de se manter adormecido[62].

O estresse pode dificultar a rotina de sono, pois o corpo fica com elevada estimulação para solucionar as condições problemáticas. Os quadros psiquiátricos também influenciam o sono, já que a sintomatologia pode fomentar maior ou menor capacidade de iniciar ou manter o sono[62].

Slide 3.20 (pág. 85).

Algumas medicações também podem interferir no sono, contribuindo para o seu aumento ou diminuição. As condições associadas com dor também influenciam a rotina do sono, já que se torna desafiador direcionar a atenção para outro estímulo que não seja a dor[62].

Um estilo de vida não saudável também pode impactar na rotina de sono, uma vez que o corpo pode requisitar maior intervalo para iniciar o processo de adormecer. Além de precisar de maior quantidade de horas para que se sinta descansado. Por fim, sabemos que o uso de substâncias também pode influenciar, devido aos efeitos biológicos que são causados, tanto relacionados com a estimulação, quanto com a lentificação do organismo[62].

Efeitos da privação de sono

Slide 3.21 (pág. 85).

Já a privação do sono produz efeitos negativos ao funcionamento do organismo. Uma pessoa que está sem dormir há algum tempo pode ter dificuldade de se manter atento às atividades, podendo cometer erros nas suas atividades e na filtragem de informações relevantes[67].

Outro aspecto que é gerado pela privação do sono é a dificuldade da regulação do humor. Percebe-se que as pessoas tendem a ficar mais irritadas e reações hostis podem acontecer diante de condições simples de serem resolvidas[68,69].

Slide 3.22 (pág. 86).

A privação do sono também pode dificultar a consolidação de memórias, uma vez que a comunicação entre os neurônios, isto é, as sinapses se estabelecem durante o sono. Logo, com a dificuldade de adormecer, pode ser desafiador se recordar de eventos que já aconteceram[69].

Slide 3.23 (pág. 86).

Ainda pensando na privação do sono, percebemos que o corpo passa a ficar vulnerável a adoecimentos, dado que que o sistema imunológico pode ficar suscetível a infecções e afins. Além de gerar um aumento nos níveis de fadiga, pois as pessoas podem se sentir cansadas ao realizar as atividades diárias[70].

Slide 3.24 (pág. 87).

A falta de uma rotina adequada de sono pode interferir no processo de aprendizagem. Conforme conversamos, o sono permite que as sinapses se consolidem, facilitando o processo de manter os conteúdos adquiridos[67].

Por fim, percebe-se que a privação de sono impacta até mesmo em uma maior quantidade de acidentes, uma vez que as pessoas podem ter dificuldade para se atentar ao que está sendo realizado. No nosso próximo encontro vamos abordar algumas possibilidades para organizar a rotina de sono[71].

Agora vai ser entregue uma escala (Anexo, págs. 97 a 99) para que vocês respondam sobre a percepção que tiveram no decorrer do encontro. Peço que respondam da forma mais sincera possível, não há certo ou errado. Se tiverem alguma dúvida, podem perguntar.

SESSÃO 4 – HIGIENE DO SONO

Objetivo
Analisar, em conjunto com os participantes, a importância da regulação do sono e as estratégias que possibilitem maior qualidade do sono.

Temáticas abordadas
A higiene do sono e suas estratégias de implementação no cotidiano.

Material
Slides da Sessão 4 com as conceituações e as atividades para interação dos participantes.

Introdução da temática abordada

Slide 4.1 (pág. 87).
No encontro passado, discutimos sobre o sono e a sua importância e, em decorrência disso, hoje abordaremos sobre as estratégias que possibilitam uma rotina de sono adequada, que costumeiramente é chamada de higiene do sono.

Operacionalização da higiene do sono

Slide 4.2 (pág. 88).
A higiene do sono se relaciona com as mudanças que promovem uma maior qualidade no processo de adormecer. Logo, envolve uma série de alterações de comportamentos, sobretudo dos hábitos[63]. Pensando no que conversamos nos encontros passados, o que pode gerar um sono inadequado?

Perguntas que podem estimular a discussão

- De que modo uma rotina alimentar inadequada pode se associar com o sono?
- A ausência de atividades físicas se associa de que modo com a rotina de sono?
- É favorável utilizar tecnologia perto do horário de dormir?
- As preocupações podem dificultar um sono adequado?
- O uso de substâncias pode impactar na rotina de sono?

Motivos para modificação de padrão

Slide 4.3 (pág. 88).

O sono é um regulador e reparador de diversas funções, sendo que com um padrão apropriado, conseguimos manter o nosso nível de atenção dentro do esperado, realizando as atividades com maior cuidado[67].

Além do ponto citado, com uma boa rotina de sono conseguimos consolidar memórias e aprender com maior efetividade[67]. Por fim, há o reparo da energia que foi gasto no dia.

Slide 4.4 (pág. 89).

Uma rotina adequada de sono permite que o corpo fique protegido de possíveis doenças, uma vez que o sistema imunológico consegue trabalhar com maior efetividade[70]. O humor também é regulado, dado a produção de substâncias que são necessárias para o funcionamento do organismo[69].

Rotina de sono

Slide 4.5 (pág. 89).

Uma rotina de sono adequada deve implementar atividades que sejam relaxantes, as quais devem facilitar o processo de adormecer. Quando falamos de mudanças de hábitos, estamos abordando modificações em diferentes áreas, desde alterações do ambiente e até mesmo do comportamento.

Alterações ambientais

Slide 4.6 (pág. 90).

O primeiro ponto são as mudanças que devem acontecer no ambiente, tornando o quarto um ambiente confortável e aconchegante[72].

Slide 4.7 (pág. 90).

A primeira coisa que precisamos deixar claro é que a cama deve estar associada com o processo de adormecer. Para tanto, a cama deve ser utilizada apenas para dormir. Ressalta-se que deve ser evitado que outras atividades sejam realizadas nesse espaço, uma vez que é comum que algumas pessoas trabalhem ou estudem nesse lugar[72].

Slide 4.8 (pág. 91).

O quarto deve ser um espaço que transmite tranquilidade, logo, perto do horário de dormir, a entrada de luz deve ser reduzida, inclusive de dispositivos como televisão, computador, celular e afins. Os barulhos e ruídos devem ser evitados, uma vez que podem interferir negativamente no processo de adormecer[72].

É importante que o quarto esteja com uma temperatura adequada, nem muito quente e nem muito frio, por conta disso, deve ser bem ventilado[72].

Alterações de rotina

Slide 4.9 (pág. 91).

Quando falamos da mudança de hábitos, não podemos alterar apenas o ambiente, devemos observar os nossos comportamentos e modificá-los também, a fim de termos maior qualidade no processo de adormecer.

Relógio biológico

Slide 4.10 (pág. 92).

Antes de iniciarmos a conversa sobre a mudança de hábitos, temos que ressaltar a influência do relógio biológico. Ele tem um papel fundamental na regulação dos nossos horários, organizando os momentos para dormir e despertar[72].

A produção de hormônios também está vinculada com a rotina adequada de sono, já que essas substâncias impactam em diversas atividades do organismo[64].

Modificações na rotina

Slide 4.11 (pág. 92).

Assim como abordamos as mudanças que devem acontecer no ambiente, também precisamos ressaltar as alterações que devem ocorrer na rotina, sobretudo em relação aos hábitos que podem ser negativos. A modificação desses padrões envolve, por exemplo, ter horários definidos para dormir e despertar, para que o corpo comece a se preparar quando se aproximar do período delimitado[72].

Percebemos que rotinas bem estabelecidas permitem que o cérebro funcione melhor, dado a previsibilidade das atividades que devem ser realizadas no cotidiano. Com o sono, esse funcionamento é similar, uma vez que os sujeitos podem modular o organismo para perceber as pistas que sugestionam a proximidade do horário para dormir[72].

Slide 4.12 (pág. 93).

A mudança de hábito também se associa com a alteração no uso da tecnologia, uma vez que esses dispositivos liberam uma luz que posterga o início do sono, impactando no relógio biológico. Portanto, é indicado que os indivíduos não utilizem esses equipamentos perto do horário de dormir[73].

É orientado que as pessoas diminuam a utilização dos dispositivos no intervalo de 2 horas, isto é, se você costuma dormir às 22h, é sugerido que os equipamentos deixem de ser usados por volta das 20h. Nesse intervalo, outras atividades podem ser realizadas, fazendo com que o corpo fique mais relaxado[73].

Slide 4.13 (pág. 93).

O consumo de substâncias estimulantes, como compostos cafeinados, chocolate e drogas ilícitas, devem ser evitadas, pois podem dificultar a capacidade do organismo de relaxar[73].

Observa-se que as substâncias mencionadas propiciam elevado grau de agitação nos sujeitos, o que impacta no processo de adormecer, uma vez que os deixam muito estimulados.

Slide 4.14 (pág. 94).

A nossa última dica relacionada às mudanças na rotina é acrescentar atividades relaxantes antes de dormir, pois sinalizam que o organismo pode descansar, se preparando para dormir[73].

Algumas atividades antes de dormir podem ser: tomar um banho quente, pois permite que a musculatura tensionada relaxe. Assim como realizar uma leitura pode propiciar sensação de conforto e, por fim, a prática da meditação guiada, a qual permite que os sujeitos entrem em contato com o momento presente[74].

Planejamento de mudanças

Slide 4.15 (pág. 94).

É importante ressaltarmos que as mudanças precisam ser planejadas e devem acontecer de maneira gradual, já que alterações abruptas podem gerar elevado desconforto para quem está tentando modificar algum hábito já instalado. Como vocês geralmente lidam com essas mudanças?

Perguntas que podem estimular a discussão:
- As mudanças geram sensação de desconforto em vocês?
- Como vocês se sentem quando percebem que vão ter que mudar algum comportamento?
- Vocês costumam planejar as mudanças que vão acontecer?
- De que modo vocês tendem a se organizar quando precisam passar por alguma mudança?

A implementação das mudanças

Slide 4.16 (pág. 95).

Conforme já conversamos anteriormente, a cama deve estar associada com o processo de adormecer, sendo que as demais atividades cotidianas devem ser realizadas fora desse local. Para tanto, é indicado que só vá à cama quando estiver realmente com sono[73].

A cama é um espaço que deve ser utilizado apenas para dormir e para as atividades sexuais. Portanto, devemos ir para ela apenas quando estivermos com sono. As demais tarefas devem ser realizadas em lugares apropriados[73].

Slide 4.17 (pág. 95).

O estabelecimento de horários para dormir e acordar devem ser seguidos de forma firme. Portanto, devem ser evitados cochilos no decorrer do dia, pois podem diminuir a necessidade de sono à noite.

Outro ponto importante é evitar longos períodos na cama após acordar. Sabemos que é habitual o uso do celular logo após despertar, no entanto, não é indicado que isso ocorra, uma vez que a cama deve ser associada com as atividades que falamos antes[73].

Slide 4.18 (pág. 96).

Permanecer na cama sem sono não é indicado, já que pode dificultar ainda mais o processo de dormir. Para tanto, quando tiver dificuldades para iniciar o sono, é sugerido que se retire dela e faça algo que possa relaxar o corpo, a fim de que o organismo perceba, por meio das pistas, que está no horário para descansar[72].

Por fim, enfatizamos que atividades estimulantes devem ser evitadas, dado que essas podem deixar o organismo ativado, dificultando o processo de iniciar o sono.

Slide 4.20 (pág. 97).

Por fim, vou entregar uma folha para vocês com algumas perguntas sobre sua rotina de sono. Após respondidas, podemos discutir e pensar em possibilidades de mudanças.

Perguntas que podem estimular a discussão

- Quais são os fatores que dificultam a sua rotina de sono?
- Quais são os elementos que facilitam a sua rotina de sono?
- Como você avalia a sua rotina de sono hoje?
- Quais aspectos você percebe que pode modificar na sua rotina de sono?
- De que modo uma noite com dificuldade para adormecer influencia no seu dia?

Agora vai ser entregue uma escala (Anexo, págs. 97 a 99) para que vocês respondam sobre a percepção que tiveram no decorrer do encontro. Peço que respondam da forma mais sincera possível, não há certo ou errado. Se tiverem alguma dúvida, podem perguntar.

Pensando em tudo que discutimos até aqui, entendemos que a saúde mental e física depende da associação de muitos fatores, para que assim as pessoas possam viver com maior qualidade de vida e bem-estar. Para isso, também vamos pensar nas mudanças que precisam acontecer, sendo necessário termos informações para que possamos pensar no que deve ser alterado.

ANEXO – ESCALA DE AUTOPERCEPÇÃO

Essa escala visa compreender a sua percepção acerca dos seus comportamentos, sobretudo os que estão relacionados à sua alimentação, à prática de atividade física e ao sono. A seguir, estão algumas afirmativas, sendo que em cada uma há cinco possibilidades de respostas, as quais estão representadas por círculos coloridos.

Faça um X no círculo colorido que representa a melhor resposta acerca dos seus comportamentos na internação, utilizando como referência a semana que estamos. A legenda dos círculos encontra-se a seguir.

Emoji	Legenda	Emoji	Legenda
	Discordo totalmente		Concordo
	Discordo		Concordo totalmente
	Mais ou menos		

ANEXO — ESCALA DE AUTOPERCEPÇÃO   45

1. Percebo, no momento, que na minha alimentação aceito alimentos considerados saudáveis.

2. Tenho aceitado a dieta que me prescreveram na internação.

3. Estou comendo legumes e frutas pelo menos três vezes por semana na internação.

4. Tenho bebido, pelo menos, cinco copos de água diariamente na internação.

5. Tenho ido à academia da instituição pelo menos duas vezes por semana.

6. Tenho realizado atividades físicas na internação.

7. Tenho me sentido com maior disposição na internação.

8. Percebo que o meu humor está melhorando na internação.

9. Tenho apresentado dificuldade de iniciar o sono na internação.

10. Tenho apresentado facilidade de manter o sono na internação.

11. Estou implementando as informações que foram repassadas na intervenção em grupo.

REFERÊNCIAS BIBLIOGRÁFICAS

1. Organização Mundial da Saúde (OMS). Relatório Mundial de Saúde Mental 2021. Genebra: OMS; 2021.
2. Barlow DH, Durand VM. Psicopatologia: uma abordagem integrada, 2.ed. São Paulo: Cengage Learning; 2015.
3. American Psychiatric Association. Manual diagnóstico e estatístico de transtornos mentais, 5a ed. (DSM-5). Porto Alegre: Artmed; 2014.
4. Clemente AS, Loyola Filho AI, Firmo JOA. Concepções sobre transtornos mentais e seu tratamento entre idosos atendidos em um serviço público de saúde mental. Cadernos de Saúde Pública. 2011;27(3):555-64.
5. Ferreira AA, Oliveira WGA, Paula JJ. Relações entre saúde mental e falhas cognitivas no dia a dia: papel dos sintomas internalizantes e externalizantes. J Bras Psiquiatria. 2018;67(2):74-9.
6. Barbosa BP. Terapia nutricional na depressão: como nutrir a saúde mental: uma revisão bibliográfica. Braz J Development. 2020;6(12):100617-32.
7. Adan RAH, van der Beek EM, Buitelaar JK, Cryan JF, Hebebrand J, Higgs S, et al. Psiquiatria nutricional: rumo a melhorar a saúde mental pelo que você come. Neuropsicofarmacol Eur. 2019;29(12):1321-32.
8. Dauncey MJ. Avanços recentes em nutrição, genes e saúde do cérebro. Os Anais da Sociedade de Nutrição. 2012;71(4):581-91.
9. Van der Pols JC. Nutrition and mental health: bidirectional associations and multidimensional measures. Public Health Nutrition. 2018;21(5):829-30.
10. Lopresti AL, Jacka FN. Diet and bipolar disorder: a review of its relationship and potential therapeutic mechanisms of action. J Alternative Compl Med. 2015;1-7.
11. Garcia PCO, Moreira JC, Bissoli MC, Simões TMR. Perfil nutricional de indivíduos com transtorno mental, usuários do Serviço Residencial Terapêutico, do Município de Alfenas- MG. Rev Universidade Vale do Rio Verde, Três Corações. 2013;11(1):114-26.
12. Burlin AC, Volpato T, Lopes E, Ariotti AP, Gazzi L, Cenci FM, et al. Avaliação nutricional de usuários atendidos em um Centro de Atenção Psicossocial (CAPS). BRASPEN J. 2016;31(3):226-31.
13. Roeder MA. Benefícios da atividade física em pessoas com transtornos mentais. Revista Brasileira de Atividade Física & Saúde. 1999;4(2):62-76.
14. Taylor CB, Sallis JF, Needle R. The relation of physical activity and exercise to mental health. Public Health Reports. 1985;100(2):195-202.
15. Silva AO, Neto JLC. Associação entre níveis de atividade física e transtorno mental comum em estudantes universitários. Revista Motricidade. 2014;10(1):49-59.
16. Penedo FJ, Dahn JR. Exercício e bem-estar: uma revisão dos benefícios para a saúde mental e física associados à atividade física. Opin Atual Psiq. 2005;18(2):189-93.
17. Freeman D, Sheaves B, Goodwin GM, Yu LM, Nickless A, Harrison PJ, et al. The effects of improving sleep on mental health (OASIS): a randomised controlled trial with mediation analysis. Lancet Psychiatry. 2017;4(10):749-58.

18. Lucchesi LM, Pradella-Hallinan M, Lucchesi M, Moraes WAS. O sono em transtornos psiquiátricos. Rev Bras Psiq. 2005;27(SuplI), 27-32.
19. Junior AN, Souza JCRP, Peixoto C. Ansiedade e insônia: relato de caso sobre a importância do foco de tratamento na qualidade do sono. Research, Society and Development. 2021;10(16):1-8.
20. Sheaves B, Isham L, Bradley J, Espie C, Barrera A, Waite F, et al. Adapted CBT to stabilize on psychiatric wards: a transdiagnostic treatment approach. Behav Cognitive Psychotherapy. 2018;46:661-75.
21. Chung S, Youn S, Park B, Lee S, Kim C. A Sleep education and hypnotics reduction program for hospitalized patients at a general hospital. Psychiatry Investig. 2018;15(1):78-83.
22. Bhattacharjee D, Rai AK, Singh NK, Kumar P, Munda SK, Das B. (2011). Psychoeducation: a measure to strengthen psychiatric treatment. Delhi Psychiatry J. 2011;14(1):33-9.
23. Lemes CB, Ondere Neto J. Aplicações da psicoeducação no contexto da saúde. Temas em Psicologia. 2017;25(1):17-28.
24. Menezes SL, Mello e Souza MCB. Implicações de um grupo de psicoeducação no cotidiano de portadores de transtorno afetivo bipolar. Rev Escola Enfermagem USP. 2012;46(1):124-31.
25. Buss PM. Promoção da saúde e qualidade de vida. Ciência & Saúde Coletiva. 2000;5(1):163-77.
26. Almeida Filho N, Jucá V. Saúde como ausência de doença: crítica à teoria funcionalista de Christopher Boorse. Ciência & Saúde Coletiva. 2002;7(4):879-89.
27. Lemes DCM, Câmara SG, Alves GG, Aerts D. Satisfação com a imagem corporal e bem-estar subjetivo entre adolescentes escolares do ensino fundamental da rede pública estadual de Canoas/RS, Brasil. Ciência & Saúde Coletiva. 2018;23(12):4289-98.
28. Machado WL, Bandeira DR. Bem-estar psicológico: definição, avaliação e principais correlatos. Estudos de Psicologia (Campinas). 2012;29(4):587-95.
29. Guimarães HP, Avezum A. O impacto da espiritualidade na saúde física. Arch Clin Psychiatry (São Paulo). 2007;34:88-94.
30. Zanella AV, Prado Filho K, Abella SIS. Relações sociais e poder em um contexto grupal: reflexões a partir de uma atividade específica. Estudos de Psicologia (Natal). 2003;8(1):85-91.
31. Cardoso AC, Morgado L. Trabalho e saúde do trabalhador no contexto atual: ensinamentos da Enquete Europeia sobre Condições de Trabalho. Saúde e Sociedade. 2019;28(1):169-81.
32. Sholl-Franco A. Bases morfofuncionais do sistema nervoso. In: Neuropsicologia Hoje. Porto Alegre: Artmed; 2015, v.1, p. 25-48.
33. Kandel ER, Schwartz JH, Jessell TM, Siegelbaum SA, Hudspeth AJ. Princípios básicos da neurociência, 5.ed. Rodrigues ALS, et al. Trad. Porto Alegre: AMGH; 2014.
34. Magalhães E. Sistema nervoso autônomo. Rev Bras Anestesiol. 1980;30(1):53-66.
35. Oliveira APA, Nascimento E. Construção de uma escala para avaliação do planejamento cognitivo. psicologia: reflexão e crítica. 2014;27(2):209-18.
36. Diamond A. Executive functions. Ann Rev Psychol. 2013;64:135-68.
37. Ximendes E. As bases neurocientíficas da criatividade (Dissertação de mestrado) Universidade de Lisboa, Portugal; 2010.
38. Bonfim APC, Costa LJR, Oliveira AJ. Impactos neuropsicológicos decorrentes do uso de substâncias psicoativas. Rev Científica Faculdade de Balsas. 2022;13(1):72-83.

39. Besouchet MDA, Freitas AM. Sistema imunológico, vulnerabilidade ao estresse e suas manifestações: revisão da literatura. Rev Perspectiva: Ciência e Saúde. 2022;7(1):227-35.
40. Ferreira TPS, Sampaio J, Oliveira IL, Gomes LB. A família no cuidado em saúde mental: desafios para a produção de vidas. Saúde em Debate. 2019;43(121):441-9.
41. Esperidião E, Farinhas MG, Saidel MGB. Práticas de autocuidado em saúde mental em contexto de pandemia. In: Esperidião E, Saidel MGB (orgs.). Enfermagem em saúde mental e COVID-19, 2.ed. Rev Brasília. 2020;65-71.
42. Brasil, Ministério da Saúde. Guia alimentar para a população brasileira, 2.ed.; 2014. Disponível em: https://bvsms.saude.gov.br/bvs/publicacoes/guia_alimentar_popula-cao_brasileira_2ed.pdf
43. Brasil, Ministério da Saúde. Guia alimentar para a população brasileira: promovendo a alimentação saudável; 2008. Disponível em: https://bvsms.saude.gov.br/bvs/publica-coes/guia_alimentar_populacao_brasileira_2008.pdf
44. Azevedo E. Alimentação, sociedade e cultura: temas contemporâneos. Sociologias. 2017;19(44):276-307.
45. Kaufman A. Alimento e emoção. ComCiência Campinas. 2013;145:1-7.
46. Santos ALP, Simões AC. Educação Física e qualidade de vida: reflexões e perspectivas. Saúde e Sociedade. 2012;21(1):181-92.
47. Brasil, Ministério da Saúde. Guia de atividade física para a população brasileira; 2021. Disponível em: https://bvsms.saude.gov.br/bvs/publicacoes/guia_atividade_fisica_po-pulacao_brasileira.pdf
48. Allsen PE, Harrison JM, Vance B. Exercício e qualidade de vida: uma abordagem perso-nalizada. Barueri: Manole; 2001.
49. Anibal C, Romano LH. Relações entre atividade física e depressão: um estudo de revisão. Revista Saúde em Foco. 2017;9:190-9.
50. Bavono D, Galeote L, Montiel JM, Cecato JF. Motivação e autoestima relacionada à práti-ca de atividade física em adultos e idosos. Rev Bras Psicologia do Esporte. 2017;7(2):26-37.
51. Xavier MF, Paiva JB, San Juan JO, Gonsalves M, Rocha da Silva MC. Avaliação do estres-se, estilo alimentar e qualidade de vida em praticantes de atividade física e sedentários. Revista CPAQV. 2020;12(3):1-16.
52. Brasil, Ministério da Saúde. Guia prático do cuidador; 2008. Disponível em: https://bvs-ms.saude.gov.br/bvs/publicacoes/guia_pratico_cuidador.pdf
53. Patrocinio WP. Autocuidado do cuidador e o cuidado de idosos. Revista Kairós-Geron-tologia. 2015;18(Especial18):99-113.
54. Ricardo PP. Estratégias de autocuidado e desenvolvimento pessoal: um estudo explo-ratório com terapeutas. (Dissertação de Mestrado) Universidade Lusófona do Porto, Portugal; 2022.
55. Plank PY, Braido AM, Reffatti C, Schneider DSLG, Silva HMV. Identificação do crono-tipo e nível de atenção de estudantes do ensino médio. Rev Bras Biociências. 2008;6(S1).
56. Horne JA, Ostberg O. A self-assessment questionnaire to determine morningness-eve-ningness in human circadian rhythms. Int J Chronobiol. 1976;4(2):97-110.
57. Silva AC, Sardinha LS, Lemos VA. Relações entre privação do sono, ritmo circadia-no e funções cognitivas em trabalhadores por turno. Diálogos Interdisciplinares. 2019;8(10):145-53.
58. Van Egroo M, Narbutas J, Chylinski D, Villar González P, Maquet P, Salmon E, et al. Sleep-wake regulation and the hallmarks of the pathogenesis of Alzheimer's disease. Sleep. 2019;42(4).

59. Hobson JA, Pace-Schott EF. The cognitive neuroscience of sleep: neuronal systems, consciousness and learning. Nature Rev Neuroscience. 2002;3(9):679-93.
60. Toledo AJF, Marciano BR, Santos IMP, Silva IZ, Gomes FS, Santos TS, et al. Impacts on the memory of university students generated by sleep deprivation: a review. Research, Society and Development. 2022;11(16):e68111637868.
61. Moreno CRC. Fragmentação do sono e adaptação ao trabalho noturno. (Tese de Doutorado), Universidade de São Paulo, São Paulo; 1998.
62. Associação Brasileira do Sono. Semana do Sono 2020: Sonos e sonhos melhores para um mundo melhor; 2020. Disponível em: https://absono.com.br/wp-content/uploads/2021/04/Cartilha-Semana-do-Sono-2020.pdf
63. Academia Brasileira de Neurologia. Manual do sono: um guia básico sobre o sono, como dormir melhor e transtornos do sono. Universidade Federal de Pernambuco; 2021.
64. Fernandes RMF. O sono normal. Rev Med. 2006;39(2):157-68.
65. Pitanga AV, Vandenberghe L. Possibilidades da análise dos sonhos na terapia comportamental. Perspectivas em Análise do Comportamento. 2010;1(2):86-92.
66. Costa SV, Ceolim MF. Fatores que interferem na qualidade do sono de pacientes internados. Revista da Escola de Enfermagem da USP. 2013;47(1):46-52.
67. Lowe CJ, Safati A, Hall PA. The neurocognitive consequences of sleep restriction: a meta-analytic review. Neuroscience Biobehavioral Rev. 2017;80:586-604.
68. Tempesta D, Socci V, De Gennaro L, Ferrara M. Sleep and emotional processing. Sleep Med Rev. 2018;40:183-95.
69. Trost Bobic T, Secic A, Zavoreo I, Matijevic V, Filipovic B, Kolak Z, et al. The impact of sleep deprivation on the brain. Acta Clin Croatica. 2016;55(3):469-73.
70. Santana TP, Muniz JA, Lopes MC, Lúcio MF, dos Santos ABB, Ahumada DAR, et al. Sono e imunidade: papel do sistema imune, distúrbios do sono e terapêuticas. Braz J Development. 2021;7(6):55769-84.
71. Weber SAT, Montovani JC. Doenças do sono associadas a acidentes com veículos automotores: revisão das leis e regulamentações para motoristas. Rev Bras Otorrinolaringol. 2002;68(3):412-5.
72. Associação Brasileira do Sono. Tudo que você precisa saber sobre o sono normal; 2021. Disponível em: https://semanadosono.com.br/wp-content/uploads/2021/02/sono-normal-semana-sono-2021.pdf
73. Associação Brasileira do Sono. Semana do Sono 2019: Dormir bem é envelhecer com saúde; 2019. Disponível em: https://absono.com.br/wp-content/uploads/2021/03/cartilha_semana_do_sono_2019.pdf
74. Furlan PG, Lambais G. Por que meditar? Benefícios e aspectos subjetivos para a continuidade da prática por estudantes universitários. Saúde (Santa Maria). 2023;48(1).
75. Associação Brasileira do Sono. Semana do Sono 2018: respeite seu sono e siga seu ritmo; 2018. Disponível em: https://absono.com.br/wp-content/uploads/2021/04/Cartilha-Semana-do-Sono-2018.pdf
76. Buss PM, Hartz ZM de A, Pinto LF, Rocha CMF. Promoção da saúde e qualidade de vida: uma perspectiva histórica ao longo dos últimos 40 anos (1980-2020). Ciência & Saúde Coletiva. 2020;25(12):4723-35.
77. Tursi-Braga MFS. Eficácia da psicoeducação para pacientes com depressão unipolar. (Dissertação de Mestrado). Universidade de São Paulo, Faculdade de Medicina, Ribeirão Preto; 2014.

ÍNDICE REMISSIVO

A

Açúcar 21
Adormecer 3
Alimentação 2, 11
adequada 9, 21
etapas 22
e ambiente 23
Alimentos
industrializados 22
variados 22
Alterações
ambientais 39
de rotina 39
Atenuação dos fatores estressores 3
Atividade
de autocuidado 27
de vida diária 17
física 2, 10, 23
ausência 35
prazerosa 26
Ausência de doenças 10
Autocuidado 20, 25, 27
enquanto individual 26
Autoestima 3
Autopercepção e controle 3

B

Bem-estar 26
biológico 11
fatores constituintes 10
Benefícios da prática de atividades físicas 24, 25

C

Cama 41
Cansaço 16, 17
Capacidade do sono 32
Carboidratos 2, 21
Castigo 23
Cérebro 11, 13

organização 14
Chocolate 40
Colesterol 24
Compartilhamento de experiência 34
Comportamento 1
alimentar 2
Compostos cafeinados 40
Comunicação entre os neurônios 12
Condições biológicas 10
Consumo de substâncias estimulante 40
Cronótipo 30

D

Datas comemorativas 23
Declínio do sono NREM 3
Desaprovação social 1
Desenvolvimento cerebral 11
Desregulação na dinâmica cognitiva 1
Diabetes 21, 24
Dieta nutricional 2
Diminuição das tecnologias 31
Dinâmica dos sujeitos 20
Doenças 19
Domínio familiar 1
Dor 35
Drogas ilícitas 40

E

Efeitos da privação de sono 36
Elementos do sono 31
Equilíbrio 22
Estabelecimento de horários para dormir e acordar 42
Estilo de vida ativo 3
Estímulos ambientais 6

Estresse 17, 23, 35
Estrutura neuronal 12
Evolução positiva do humor 3
Excesso ou escassez nutricional 2

F

Facilidade para dormir 29
Falhas cognitivas e comportamentais 1
Falta de rotina adequada de sono 36
Fast-food 23
Fatores
que interferem
na qualidade de vida 19
no funcionamento cerebral 16
no sono 34
que se associam com o bem-estar 20
Fibras 21
Funcionamento do cérebro 11
Funções
da alimentação 22
do cérebro 11
do sono 30

G

Gordura 2

H

Hábitos 37
Higiene do sono 5
Hipersonia 3
Hipertensão 24
Humor 16
desenvolvimento cerebral 11

I

Implementação das mudanças 41
Importância do sono 34
Ingestão de água 2
Insônia 3
Interação
 com o meio 1
 diária dos sujeitos 1
Internação 5
Intervenções lúdicas 2
Introdução da temática abordada 9
Isolamento social 2

L

Lazer 10
Lentificação do organismo 35
Liberação das substâncias cerebrais 30
Lipídios 21
Lobo
 frontal 15
 occipital 14
 parietal 14
 temporal 15

M

Medicações no desenvolvimento cerebral 11
Medula espinhal 13
Memória 30
 operacional 15
Modificações na rotina 40
Motivos para modificação de padrão 38
Multifatoriedade das condições psiquiátricas 1

N

Neurônio 12
Nutrição 20
 desenvolvimento do organismo 20
Nutrientes 21

O

Operacionalização
 da capacidade do sono 32
 da higiene do sono 37
 da necessidade do sono 32
 de atividade física 24
 de oportunidade de dormir 31
 de promoção de saúde 10
 de sonho 33
 do autocuidado 26
 do cronótipo 30
 do sono NREM 33
 do sono REM 33
Organização do quarto 31
Órgãos sensoriais 12

P

Padrão
 alimentar 2
 do sono 3
 nutricional 5
Paladar 23
Permanecer na cama sem sono 42
Planejamento 15
 de mudanças 41
Prática
 básica de autocuidado 26
 de atividade física 5, 16, 23
 no desenvolvimento cerebral 11
 regular 3
 promoção de saúde 10
 saudável 2
Preocupações 35
Prevenção 3
Privação de sono 17, 36
Processo
 de adormecer 37
 de dormir 30
Programa assistencial 5
Promoção de saúde 3, 10
Proteínas 21
Psicoterapia 27
Pular refeições 21

Q

Quadro nosológico 3
Qualidade de vida 19
Questões físicas 19

R

Recidiva da imagem positiva do corpo 3
Recompensa 23
Rede de apoio e suporte 24
Regulação emocional 23
Relógio biológico 39
Repercussão dos transtornos psiquiátricos 1
Rotina 5
 alimentar 21, 38, 40
 de sono 20, 27, 32, 38
 desregrada 20
 nutricional 2

S

Saúde mental 9
Sede 21
Sedentarismo 2
Sinapses 12
Sistema
 autônomo 13
 nervoso 2
 central 13
 periférico 12
 parassimpático 13
 simpático 13
Situações problemáticas do dia a dia 35
Sofrimento 1
Sonhos 33
Sono 3, 29
 desenvolvimento cerebral 11
 fases constituintes 32
 NREM 33
 REM 33

T

Tecnologias 31
 horário de dormir 38
Transtorno bipolar 2

U

Uso de substâncias 17
 funcionamento do cérebro 16

V

Vinculação social 3
Vínculos 24
Vitaminas 21
Vivência de dor 19
Vivência dos quadros 1

SLIDES

CONTEÚDO COMPLEMENTAR

Os *slides* coloridos (pranchas) em formato PDF para uso nas sessões de atendimento estão disponíveis em uma plataforma digital exclusiva (https://conteudo-manole.com.br/cadastro/dialogos-em-promocao-da-saude).

Utilize o *QR code* abaixo, digite o *voucher* **ambiente** e cadastre seu *login* (*e-mail*) e senha para ingressar no ambiente virtual.

O prazo para acesso a esse material limita-se à vigência desta edição.

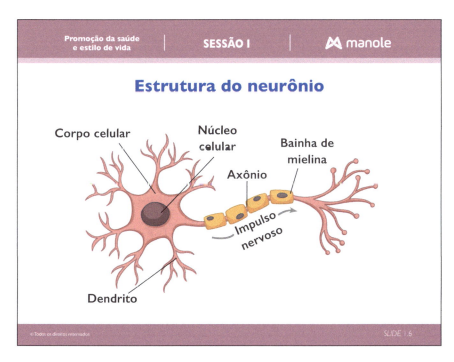

Comunicação entre neurônios

- Essas conexões se estabelecem por meio da passagem de informações de uma célula para outra.
- Ocorre a liberação de substâncias químicas entre os neurônios, os chamados neurotransmissores.

2

Sistema nervoso periférico
Sistema somático e autônomo

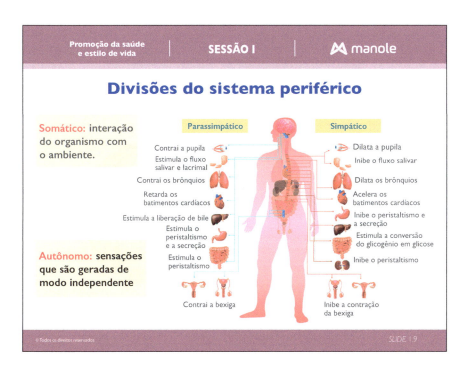

Medula espinal

- Estrutura de integração entre as informações sensoriais e motoras dos reflexos.
- Permite que o organismo responda de modo autônomo aos estímulos.

Cérebro

- Faz parte do comando das funções vitais.
- Área que integra as informações que chegam de todas as partes do corpo.
- Auxilia no funcionamento adequado.

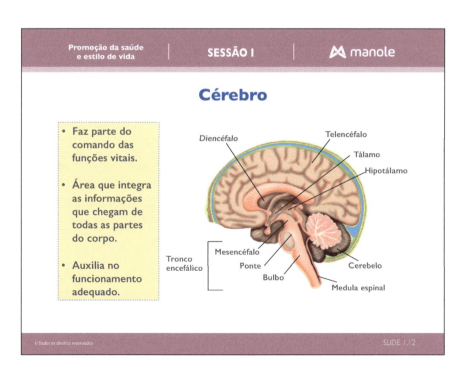

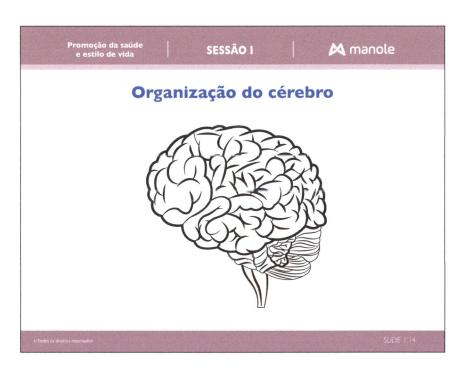

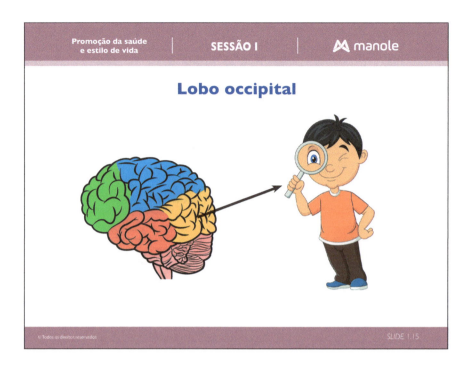

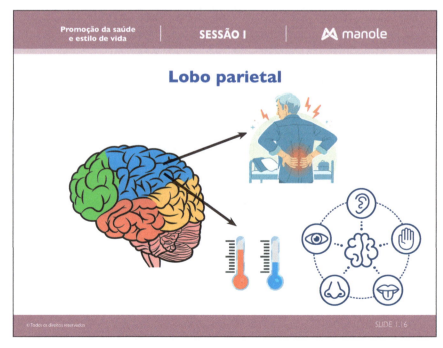

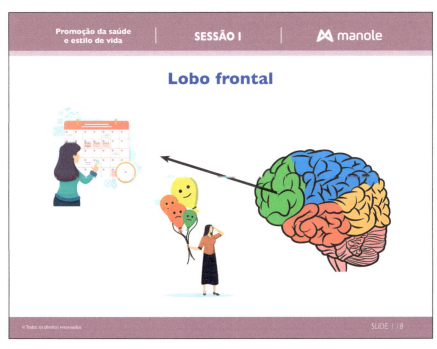

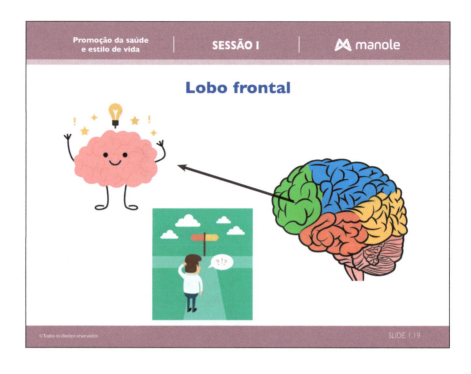

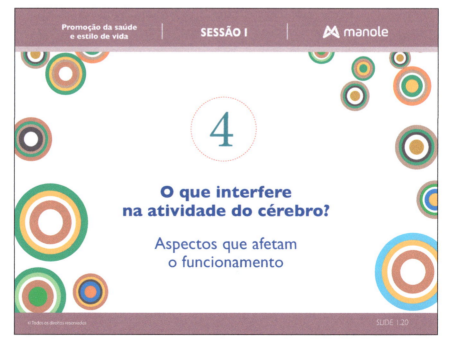

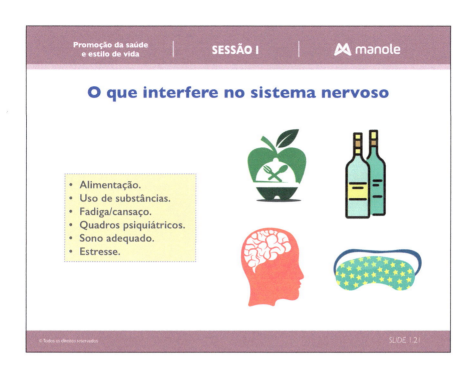

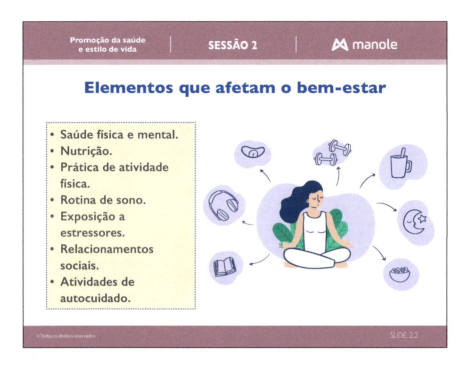

Importância da alimentação

- A alimentação adequada proporciona o funcionamento equilibrado.
- Associação entre: nutrição, saúde e bem-estar físico e mental.

Princípios da alimentação saudável

- **Variedade:** nutrição com alimentos de diferentes grupos.

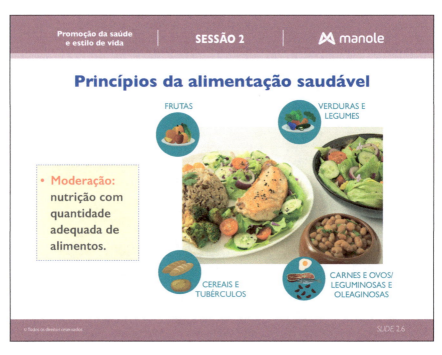

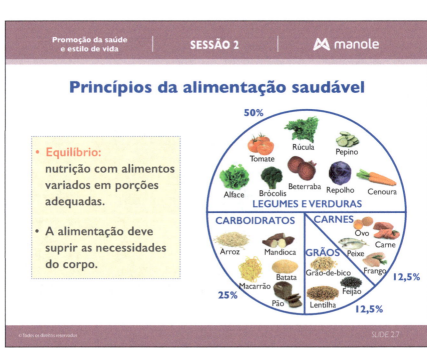

Promoção da saúde e estilo de vida | **SESSÃO 2** | **manole**

Funções da alimentação

- Fornece diversos nutrientes, que desempenham diferentes funções.
- Auxilia no combate de doenças.
- Colabora com a regulação do humor.

Promoção da saúde e estilo de vida | **SESSÃO 2** | **manole**

Passos para alimentação saudável

- Realizar as três refeições principais e os lanches.
- Comer alimentos saudáveis na maior parte das refeições.

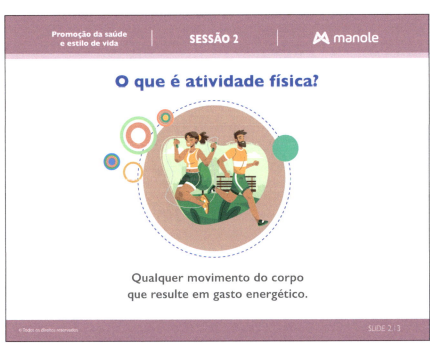

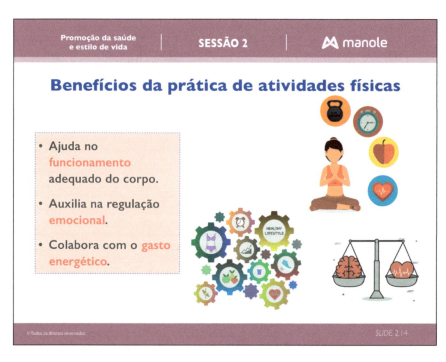
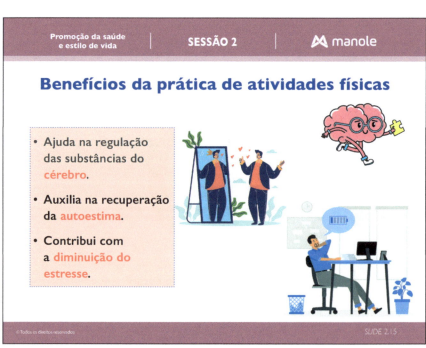

Funções do sono

- Ponto de base para o bom funcionamento do cérebro.
- Regula a liberação dos **neurotransmissores**.
- **Ajuda a consolidar as sinapses e as memórias.**

1

Elementos do sono

Oportunidade, necessidade e capacidade

Necessidade do sono

Quantidade de horas dormindo para descansar:

- Cada pessoa tem uma necessidade específica.
- Depende da quantidade de horas acordado.

Capacidade do sono

Capacidade de manter o sono sem interrupções:

- Associado com as interferências ambientais.
- Pode interagir com o estado emocional.

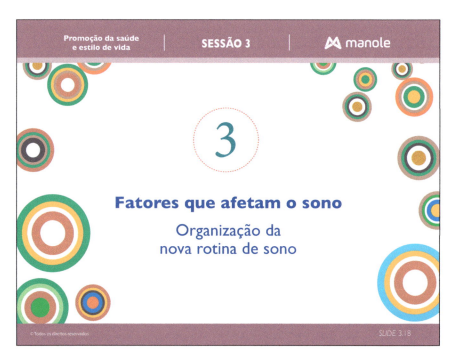

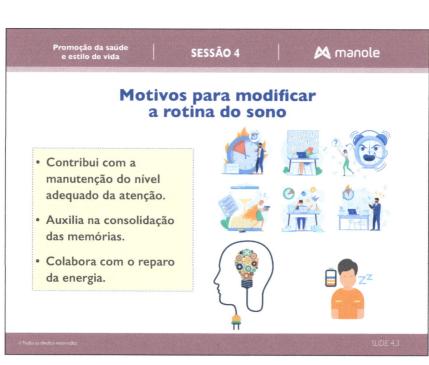

Motivos para modificar a rotina do sono

- Protege o corpo de adoecimentos.
- Contribui para o equilíbrio do humor.
- Facilita a aprendizagem de novas coisas.

Rotina de sono

Tempo para realizar atividades relaxantes, que facilitem o processo de adormecer

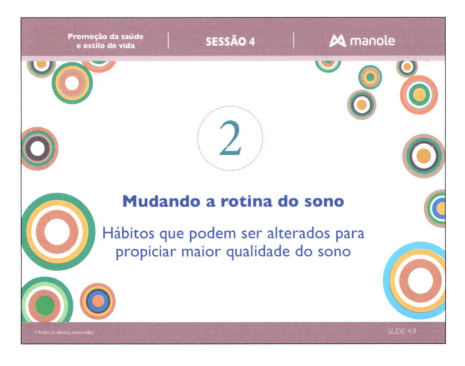

O relógio biológico e o ambiente

O relógio biológico ajuda a regular:

- Horário de dormir e acordar.
- Produção e secreção de hormônios.
- Regulação dos demais sistemas.

Mudança da rotina

- Ter horários bem estipulados para dormir e acordar.
- Uma rotina bem estruturada permite que o cérebro funcione adequadamente.

Mudança da rotina

- Evitar o uso de tecnologias perto do horário de dormir.
- Os dispositivos emitem uma luz que atrasam o horário de dormir.

Mudança da rotina

- Evitar o consumo de substâncias estimulantes. Essas substâncias dificultam o relaxamento do corpo.

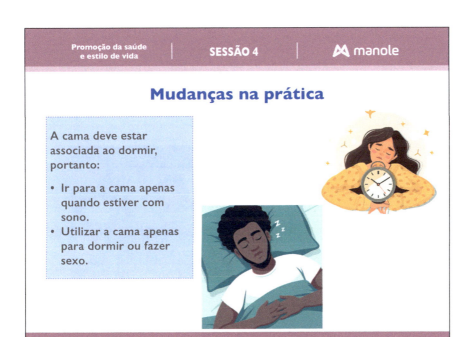

Mudanças na prática

A cama deve estar associada ao ato de dormir, portanto:

- Se tiver dificuldade para dormir, sair da cama e voltar quando estiver sonolento.
- Evitar situações que possam ser estimulantes.

Diário do sono

- Permite um detalhamento da rotina do sono.
- Fonte de informação do padrão do sono.
- Observação dos fatores que ajudam ou não a adormecer.

SESSÃO 4 — Promoção da saúde e estilo de vida

Rotina de sono

1. Quais são os fatores que dificultam a sua rotina de sono?

2. Quais são os elementos que facilitam a sua rotina de sono?

3. Como você avalia a sua rotina de sono hoje?

4. Quais aspectos você percebe que pode modificar na sua rotina de sono?

5. De que modo uma noite com dificuldade para adormecer influencia no seu dia?

ANEXO — Promoção da saúde e estilo de vida

Escala de autopercepção

Essa escala visa compreender a sua percepção acerca dos seus comportamentos, sobretudo os que estão relacionados à sua alimentação, à prática de atividade física e ao sono. A seguir, estão algumas afirmativas, sendo que em cada uma há cinco possibilidades de respostas, as quais estão representadas por círculos coloridos.

Faça um X no círculo colorido que representa a melhor resposta acerca dos seus comportamentos na internação, utilizando como referência a semana que estamos. A legenda dos círculos encontra-se a seguir.

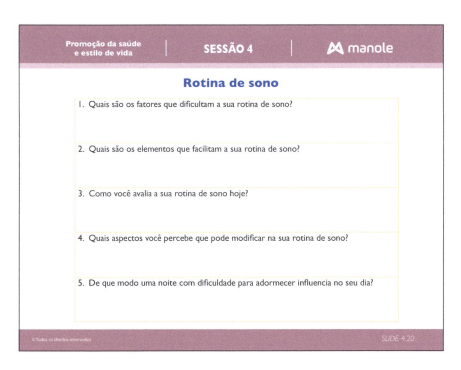

| Promoção da saúde e estilo de vida | ANEXO | ᴍ manole |

Escala de autopercepção

9. Tenho apresentado dificuldade de iniciar o sono na internação.

— ●●●●● +

10. Tenho apresentado facilidade de manter o sono na internação.

— ●●●●● +

11. Estou implementando as informações que foram repassadas na intervenção em grupo.

— ●●●●● +

Série Psicologia e Neurociências

INTERVENÇÃO DE ADULTOS E IDOSOS

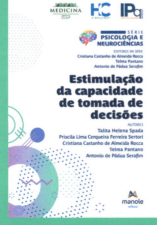

www.manole.com.br

INTERVENÇÃO DE CRIANÇAS E ADOLESCENTES

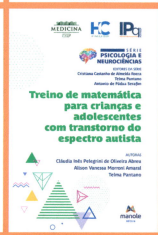